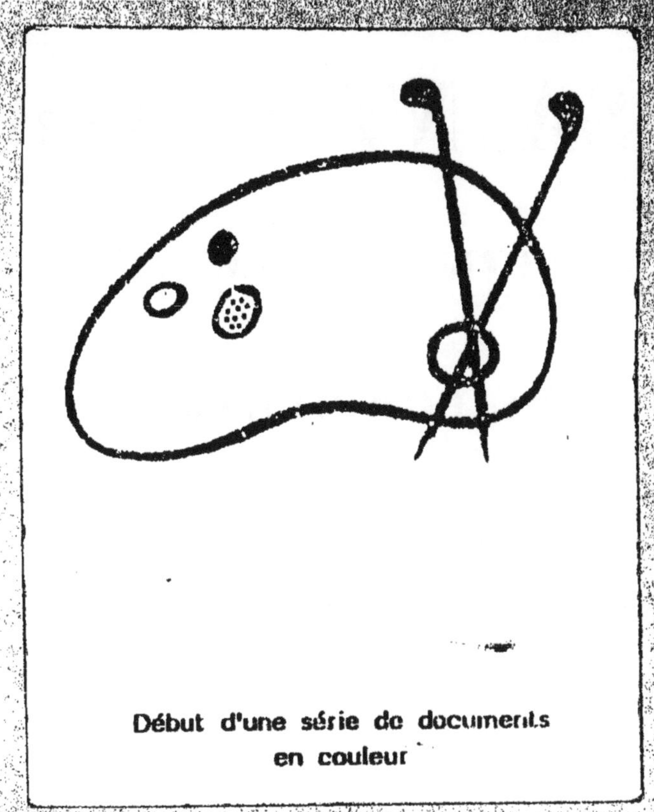
Début d'une série de documents
en couleur

AF474238

LE SAINT SUAIRE

DE SAINT-CORNEILLE

DE COMPIÈGNE

PAR LE CHANOINE MOREL

VICE-PRÉSIDENT DE LA SOCIÉTÉ HISTORIQUE DE COMPIÈGNE

CURÉ DE CHEVRIÈRES

COMPIÈGNE

IMPRIMERIE DU PROGRÈS DE L'OISE

17, RUE PIERRE-SAUVAGE, 17

—

1904

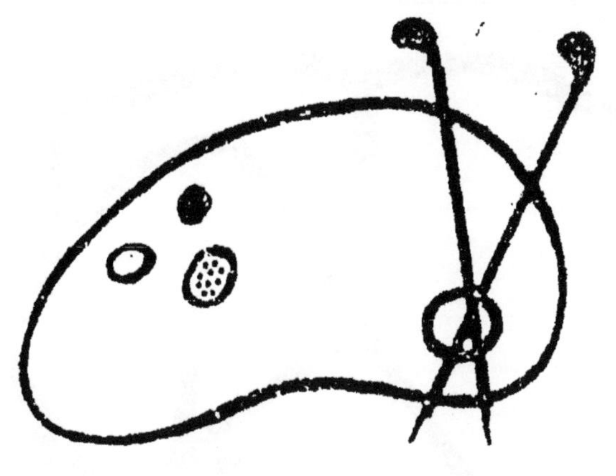

Fin d'une série de documents
en couleur

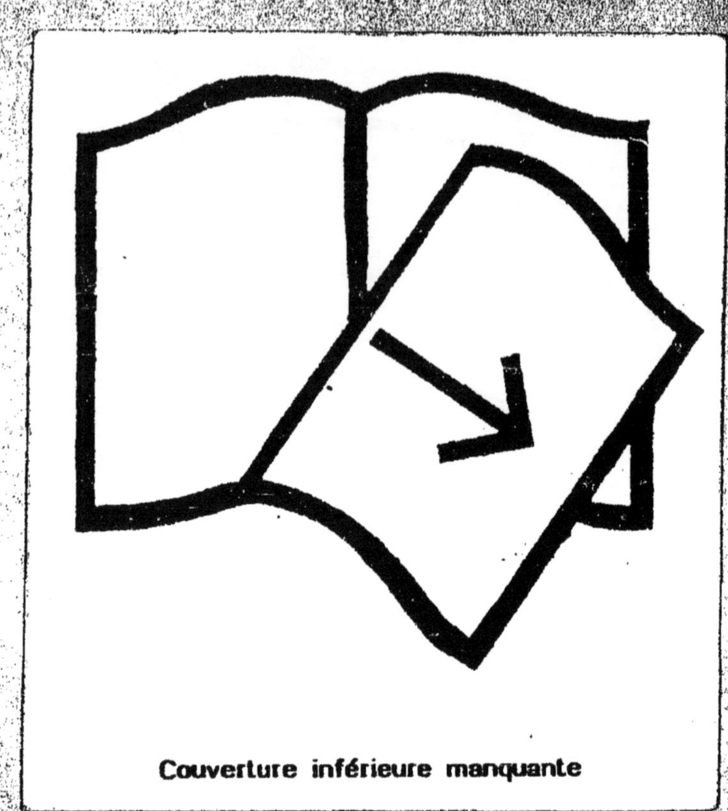
Couverture inférieure manquante

Respectueux hommage
E. Morel

LE SAINT SUAIRE DE SAINT-CORNEILLE
DE COMPIÈGNE

LE SAINT SUAIRE

DE SAINT-CORNEILLE

DE COMPIÈGNE

PAR LE CHANOINE MOREL

VICE-PRÉSIDENT DE LA SOCIÉTÉ HISTORIQUE DE COMPIÈGNE

CURÉ DE CHEVRIÈRES

COMPIÈGNE

IMPRIMERIE DU PROGRÈS DE L'OISE

17, RUE PIERRE-SAUVAGE, 17

—

1904

Extrait du *Bulletin de la Société historique de Compiègne*, t. XI.

A SA GRANDEUR

MONSEIGNEUR MARIE-JEAN-CÉLESTIN DOUAIS

ÉVÊQUE DE BEAUVAIS, NOYON ET SENLIS

MONSEIGNEUR,

Le Saint Suaire de Saint-Corneille de Compiègne a été pendant des siècles l'objet d'une grande vénération. Il m'a paru bon de réunir tous les documents relatifs à son histoire, comme aux fêtes et à la confrérie instituées en son honneur. La perte de ce précieux souvenir de la Passion du Sauveur paraîtra d'autant plus regrettable que ses titres depuis Charlemagne ne sauraient être contestés.

Votre zèle pour la liturgie et le culte des saintes Reliques n'a d'égal que votre dévouement à la sainte Église et au diocèse dont vous êtes le pasteur et le père.

Je viens donc avec confiance vous offrir ces pages, dans lesquelles je me suis préoccupé, avant tout, de la gloire de Dieu et de l'édification des fidèles.

Je suis, avec un profond et filial respect,

de Votre Grandeur,

Monseigneur,

le très humble et très obéissant serviteur,

E. MOREL.

Chevrières, en la fête du Précieux Sang, 3 juillet 1904.

ÉVÊCHÉ
DE
BEAUVAIS

LETTRE DE S. G. MONSEIGNEUR DOUAIS

ÉVÊQUE DE BEAUVAIS

Beauvais, le 18 août 1904.

Monsieur le Chanoine,

C'est avec un soin minutieux que vous avez préparé l'édition du *Cartulaire de Saint-Corneille de Compiègne*, dont le tome Ier, qui vous fait honneur, a déjà paru. Dès lors, il était naturel que vous vous occupiez du Saint Suaire que l'on vénérait dans la célèbre abbaye, que même vous lui ayez consacré une étude spéciale.

En remontant les siècles, on n'a pas de peine à vous suivre. depuis 1840, année où il fut malencontreusement détruit, jusqu'en 877, année où il fut donné par Charles le Chauve à l'abbaye de Saint-Corneille qu'il fondait pour lui en confier la garde. Vous avez recueilli de nombreux témoignages ; ils forment une solide chaîne. Ils vous ont même permis de décrire le reliquaire dans lequel le Saint Suaire était contenu, de suivre le mouvement de dévotion dont il devint le centre et l'objet, de déterminer les offices liturgiques qui lui furent consacrés.

Avant son arrivée à Compiègne, on le trouve à Aix-la-Chapelle, où il faisait partie du trésor des reliques venues de l'Orient, de Constantinople et de Jérusalem, et que Charlemagne y avait réunies. Il est certain que saint Arcoul avait antérieurement vénéré un Saint Suaire à Jérusalem, peut-être celui-là même qui, donné à Charlemagne, resta quelque temps à Aix-la-Chapelle, et enfin fut confié à l'abbaye compiégnoise. Ainsi, nous pourrions remonter un peu plus haut que l'année 700. C'est une assez belle antiquité.

Devons-nous penser que le Saint Suaire de Compiègne était vraiment un de ceux qui avaient servi à l'ensevelissement du Sauveur ? Ou bien, était-il un simple *pignus* ou souvenir de sa mort, envoyé de Jérusalem ? Ou bien, avait-il été fabriqué simplement pour amuser et tromper la religion de Charlemagne ? J'écarterais la troisième hypothèse, sans pouvoir dire pourquoi. Je croirais au *pignus*, en raison de la multiplication des Suaires, et aussi parce qu'avec saint Grégoire le Grand l'envoi et la confection des *pignora* furent très en honneur. Toutefois, je ne me prononcerais pas absolument contre l'authenticité : l'hiatus entre saint Arcoul et les premiers temps du christianisme paraîtra à quelques-uns ne pas créer un soupçon fondé. En tout cas, je déplore qu'un tel objet ait disparu. Je vous remercie de me l'avoir si bien fait connaître, bien que votre docte dissertation augmente mes regrets.

Agréez, Monsieur le Chanoine, l'assurance de mes sentiments dévoués.

† CÉL. DOUAIS,
Évêque de Beauvais.

LE SAINT SUAIRE

DE SAINT-CORNEILLE DE COMPIÈGNE

I. La Sépulture de Notre-Seigneur. — Son Suaire aux mains des Juifs. — Récit de saint Adaman.

Après avoir reçu le corps du Sauveur, dit saint Matthieu [1], Joseph d'Arimathie l'enveloppa dans un linceul blanc, *in sindone munda*, et le déposa dans le sépulcre neuf qu'il s'était fait creuser dans le rocher. Saint Marc [2] et saint Luc [3] racontent cet ensevelissement en termes analogues et avec la même concision. Tous les deux appellent également *sindon* le linceul qu'acheta Joseph. Saint Jean [4] est moins bref. Nous lui devons les détails suivants : Joseph et Nicodème prirent le corps de Jésus et le lièrent avec des bandes de toile enduites d'aromates, selon le mode d'ensevelissement usité chez les Juifs [5]. Le premier jour de la semaine, de grand matin, Simon Pierre et Jean se hâtèrent d'aller au sépulcre. La pierre qui le fermait en était enlevée. Jean courut plus vite que Pierre et arriva le premier. S'étant baissé, il aperçut des linges pliés *vidit posita linteamina*, mais il n'entra pas. Pierre qui le suivait de près, l'eut vite

1. Matth., XXVII, 59, 60.
2. Marc., XV, 46.
3. Luc., XXIII, 53.
4. Joann., XIX, 40, et XX, 1-7.
5. Ligaverunt eum linteis cum aromatibus, sicut mos est Judæis sepelire (Joann. XIX, 40).

rejoint, entra dans le sépulcre, vit les linges pliés et le suaire qui avait été mis sur la tête de Jésus, non placé avec les linges, mais roulé en un lieu à part[1].

Les Juifs avaient l'habitude d'envelopper d'un linceul le corps des défunts, qu'ils liaient aux pieds et aux mains avec des bandelettes. En outre, ils leur mettaient un suaire sur la figure. C'est du moins ce qui fut pratiqué pour Lazare, dont il est dit formellement qu'il sortit de son tombeau les pieds et les mains liés avec des bandelettes, et le visage entortillé dans un suaire[2].

La *sindon* et le *sudarium* étaient-ils deux linges différents, dont le premier enveloppait le corps et le second le visage ? Cela paraît très vraisemblable. Il est prudent de ne pas trop affirmer cependant.

Que devinrent les linges et les bandelettes qui servirent à ensevelir Notre-Seigneur ? Ils furent, à n'en pas douter, recueillis et conservés avec autant de soin que de vénération. Mais il n'en est guère question, dans les documents datés, avant la fin du VIIe siècle.

Le bénédictin saint Adaman, abbé d'Hy, dans l'île d'Iona, l'une des Hébrides, décédé presque octogénaire le 23 septembre 704, a, dans son traité *De Locis Sanctis*, livre 1er, chapitre 10[3], consacré un long article au Suaire qui couvrit le chef du Seigneur au sépulcre. Il tenait ses renseigne-

1. Vidit linteamina posita et sudarium quod fuerat super caput ejus, non cum linteaminibus positum, sed separatim involutum in unum locum (Joann., XX, 7).

2. Prodiit qui fuerat mortuus, ligatis pedes et manus institis, et facies illius sudario erat ligata (Joann., XI, 44).

3. ADAMANNI, Scotohiberni abbatis celeberrimi. *De situ terræ sanctæ et quorumdam aliorum locorum, ut Alexandriæ et Constantinopoleos, libri tres,* ante annos nongentos et amplius conscripti et nunc primum in lucem prolati, studio Jacobi Gretseri, societatis Jesu theologi. Accessit eorumdum librorum breviarium seu compendium, breviatore venerabli Beda presbytero, cum prolegomenis et notis. — Ingolstadi, apud Elisabetham Angermariam, vid., sumptibus Joannis Hertsroy bibliopolæ monacensis. Anno MDCXIX, in-4° p. 21-25. — *Patrol. lat.* t. LXXXVIII, col. 785-787.

ments de saint Arcoul, *Arculfus*, évêque français [1], qui avait passé neuf mois à Jérusalem. Saint Adaman n'a-t-il pas été trop crédule ? Son récit nous permettra d'en juger.

« Ce que je vais, dit-il, vous raconter du très saint Suaire qui fut placé sur la tête du Christ, je l'ai appris de saint Arcoul, qui l'a vu de ses yeux, et tout le peuple de Jérusalem peut en certifier l'exactitude. Voici ce qu'il a entendu répéter bien souvent et qu'il a écouté avec grande attention. Il n'y a guère plus de trois ans que le fait s'est passé. Le sacro-saint linceul fut dérobé au sépulcre du Seigneur par un juif, qui en savait le prix et le cacha longtemps en sa maison.

« C'est par une permission du ciel, qu'après un grand nombre d'années, on finit par l'y découvrir. Cet heureux et habile voleur, à la fin de sa carrière, fit venir ses deux fils, leur montra son larcin et leur dit : « Qui de vous deux préfère ce saint Suaire du Seigneur à tous mes biens ? » « Je le prendrai volontiers », répondit l'un des deux frères. A l'autre échut tout le patrimoine. Ses vœux étaient comblés. Mais du jour où sa fortune se fut accrue de la sorte, ses affaires cessèrent de prospérer. Bientôt ce fut pour lui la ruine. Son frère, qui avait sacrifié sa part d'héritage pour avoir le Suaire, ne tarda pas à voir, grâce à Dieu, la richesse affluer chez lui. Les biens célestes ne lui firent pas non plus défaut. Le saint Suaire fut religieusement conservé par les descendants de cet homme trois fois heureux, jusqu'à la cinquième génération. Alors seulement, à la suite de procès, il tomba entre les mains de juifs sans foi. Ceux-ci, quoique indignes, ne le profanèrent point et, avec la permission du Très-Haut, réalisèrent de merveilleux bénéfices.

« Les juifs chrétiens ne manquèrent pas de discuter avec les juifs infidèles sur la provenance et les vertus du linge sacré et d'en revendiquer la propriété. Le peuple de Jérusalem vite se divisa en deux camps à son sujet. D'un côté

1. C'était peut-être un évêque de Périgueux, dit M. le chanoine Ulysse Chevalier (*Etude critique sur l'origine du saint Suaire de Lirey-Chambéry-Turin*. Paris, 1900, p. 9).

se rangèrent les fidèles, les croyants, de l'autre les infidèles, les incrédules. Majuvius[1], roi des Sarrazins, fut appelé comme arbitre. « Donnez-moi, dit-il, le saint linge. » On le remit entre ses mains. Il le reçut avec révérence et fit immédiatement allumer un bûcher sur la place publique. Quand le brasier fut ardent, il dit à l'assemblée : Que le Christ, sauveur du monde, mort pour le genre humain, mis au tombeau avec ce Suaire sur la tête, juge entre vous par la flamme de ce feu, et fasse connaître à qui le linge doit appartenir. En même temps, il lança le saint Suaire dans le brasier.

« Les flammes ne purent l'atteindre. Il s'envola très haut dans les airs, comme un oiseau, les ailes étendues, tourbillonna quelque temps au-dessus des deux camps, puis descendit doucement vers le camp des chrétiens, qui suppliaient Dieu de se prononcer en leur faveur. Les fidèles, remplis de joie, tombèrent à genoux et levèrent les mains vers le ciel en actions de grâces. Puis prenant avec une grande révérence le précieux don que leur envoyait le Seigneur, au chant des hymnes, ils enveloppèrent le saint Suaire dans un autre linge et le déposèrent dans le trésor de l'église. Notre frère Arcoul l'a vu et l'a baisé un jour qu'on le donnait à baiser à la foule. Ce linge sacré est long d'environ huit pieds [2]. »

S'il est, dans cette narration, des détails qui semblent accuser la chaude et fertile imagination des orientaux, elle n'en a pas moins trouvé crédit auprès du vénérable Bède († 735), qui l'a insérée, en l'abrégeant, dans son traité *de Locis Sanctis*[3]. Ce saint docteur a même pris soin de nous avertir que, soucieux avant tout de l'exactitude histo-

1 Des lectures défectueuses ont fait de ce nom Navias et aussi Najuvias.

2. Quod noster frater Arculfus alio die de scrinio elevatum vidit, et inter populi multitudinem illud osculantis et ipse osculatus est in ecclesiæ conventu, mensuram longitudinis quasi octonos habens pedes. (*Patrol. lat.* t. LXXXVIII, col. 787.)

3. Appendice n° I.

rique, il s'en est tenu aux paroles de l'évêque français, Arcoul, dont le très érudit prêtre Adaman a longuement raconté les pèlerinages en trois livres. Il déclare en outre que le roi des Sarrasins, Majuvius, a été son contemporain.

Quatre cents ans plus tard, Pierre, diacre, bibliothécaire du Mont-Cassin († vers 1140), n'a trouvé rien de mieux que de reproduire textuellement le récit du vénérable Bède. Et pour que nous n'en soyons pas surpris, il avoue, en toute humilité, qu'il a rédigé son *Itinéraire aux Saints Lieux*, tant bien que mal, en copiant un peu dans tous les livres [1].

Quelle que soit la valeur de cette histoire, deux faits y sont établis avec certitude : 1° saint Arcoul a vu le Saint Suaire à Jérusalem ; 2° ce saint Suaire avait environ huit pieds, plus de deux mètres et demi de longueur.

II. Les Reliques de la Passion envoyées à Charlemagne.

Un siècle après le pèlerinage de saint Arcoul, Charlemagne, en son palais d'Aix-la-Chapelle, reçut de nombreuses reliques du patriarche de Jérusalem. Eginhard, chef des travaux publics sous ce grand emperenr, raconte l'événement en ces termes dans ses *Annales*, à la date de 799 : « Un moine de Jérusalem apporta la bénédiction et les reliques du lieu de la Résurrection du Seigneur qu'envoyait au roi le patriarche.

« Le roi célébra la Nativité du Seigneur dans le même palais d'Aix-la-Chapelle, donna ensuite congé au moine pressé de repartir, chargea l'un des prêtres de son palais, nommé Zacharie, de l'accompagner à Jérusalem, et confia à ce prêtre les offrandes qu'il destinait aux lieux saints [2]. »

1. *Itinerarium de Locis Sanctis* a nobis utcumque exaratum et ex omnibus, ut ita dicam, libris collectum. (*Patrol. lat.* t. CLXXII, col. 1118 et 1121.

2. Monachus quidam de Hierosolima veniens, benedictionem et eliquias de loco Resurrectionis Dominicæ, quæ patriarcha regi

Les Annales de Laurisheim (diocèse de Worms) fournissent cette variante : En cette même année 799, un moine venant de Jérusalem apporta la bénédiction et les reliques du sépulcre du Seigneur qu'envoyait au seigneur roi le patriarche de Jérusalem[1].

La *Chronique d'Adon*[2], évêque de Vienne (869-874), les *Annales de Metz*[3] et celles de Fulda[4], les *Annales* de la bibliothèque de Jean du Tillet[5], et celles que possédait Antoine Loisel[6] mentionnent l'envoi des reliques du Saint-Sépulcre à Charlemagne en termes presque identiques.

Citons encore les *Chroniques de l'abbaye de Saint-Denis sur les Gestes de Charlemagne*, chroniques rédigées d'abord en latin sous la direction de Suger et traduites en français à la fin du XIIIe siècle : « Li patriarches de Jérusalem li envoya par un moine la bénéiçon et autres reliques du saint lieu de la résurrection. Congié li donna quant il s'en vout (voulut) retourner et envoya avec lui Zacarie, l'un des prestres du palais, et li charga dons et offrandes por porter au Saint-Sépulcre de Jérusalem. Tant demoura li rois à Es-la-Chapèle que il i célébra la Nativité notre Seignour ». Suivant les mêmes chroniques, l'an 800, le 24 novembre, « en l'uitième kal. de décembre... entra li rois (Karles) en la cité de Roume ». Sept jours après, le 1er décembre, il réunit tous les cardinaux et les prélats autour du pape Léon III à Saint-Pierre, puis il reçoit la visite du prêtre Zacharie, revenu de Jérusalem. « En ce jour meisme vint à Roume le prestre Zacaries, que li rois ot envoié en Jérusalem. Avec lui

miserat detulit. Et rex Natalem Domini, in eodem palatio residens, celebravit, ac monachum reverti volentem absolvens, Zachariam quendam presbiterum de palatio suo, cum eo ire jussit, cui et donaria sua ad illa veneranda loca deferenda commisit (*Annales Eginhardi. Patrol. lat.*, CIV, 457).

1. Eodem anno monachus quidam de Hierosolima veniens, benedictionem et reliquias de sepulchro Domini, quas patriarcha Hierosolimitanus domno regi miserat, detulit (*Patrol. lat.*, t. CIV, col. 454).

2. *Patrol lat.*, t. CXXIII, col. 129. — 3. *Histor. Fr.*, t. V, p. 349. — 4. *Ibid.*, 331. — 5. *Ibid.*, 23. — 6. *Ibid.*, 52.

amena dui (deux) moines, messagiers du patriarche, qui de par li li aportoient les clés du Saint-Sépulcre et du mont Calvaire et une enseigne de soi[1] ».

Ce nouveau don fait à Charlemagne est ainsi relaté dans les *Annales de Metz* : « Le même jour arrivait à Rome le prêtre Zacharie, accompagné de deux moines, l'un du Mont des Oliviers, l'autre de Bethléem. Ces moines apportaient au roi de la part du patriarche, en guise de bénédiction, les clefs du Saint-Sépulcre du Seigneur et du lieu du Calvaire, ainsi que les clefs de la ville et un étendard. Le roi leur fit le meilleur accueil, les retint quelques jours auprès de lui et au mois d'avril les congédia avec des présents[2] ».

Toutes les annales et les chroniques, dont nous avons parlé à propos des saintes reliques, rapportent également l'envoi des clefs du Saint-Sépulcre.

Eginhard, dans sa *Vie de Charlemagne*, nous apprend que le Kalife Haroun-al-Raschid, nommé par lui Aaron, roi des Perses, ne fut pas étranger à cet envoi. D'après lui, « les messagers que Charlemagne fit partir avec des présents pour le Saint-Sépulcre de notre Seigneur et Sauveur du monde et pour le lieu de la résurrection, vinrent trouver Aaron et lui exprimèrent les désirs de leur maître. Le roi des Perses, non seulement leur accorda tout ce qui lui était demandé, mais il abandonna aussi à Charles, ce saint et salutaire lieu, pour qu'il demeurât sous sa domination[3].

1. *Chroniques de Saint-Denis*, sur les Gestes de Charlemagne, l. I, ch. XI. D. Bouquet. Histor. de France, t. V, p. 248.

2. Eadem die Zacharias presbyter cum duobus monachis, uno de monte Oliveti, altero de Bethleem, Romam venit, quos episcopus Hierosolimitanorum ad regem direxit qui, benedictionis causa, claves sepulchri Domini et loci calvariæ, claves etiam civitatis cum vexillo detulerunt, quos rex benigne suscipiens, aliquot dies secum detinuit et mense Aprili remuneratos absolvit (*Annales Metenses*. D. Bouquet. Histor. de la France, t. V, 350).

3. Cum legati ejus, quos cum donariis ad sacratissimum Domini ac salvatoris mundi sepulchrum locumque resurrectionis miserat, ad eum venissent, et ei domini sui voluntatem indicassent, non solum

« Les empereurs de Constantinople eux-mêmes, Nicéphore Michel et Léon recherchèrent l'amitié et l'alliance de Charlemagne et lui envoyèrent plusieurs ambassades[1] ».

La *Chronique de Théophane*, rédigée au commencement du IXe siècle, nous fait également savoir qu'en 781 l'impératrice Irène fit demander à Charlemagne sa fille Rotrude pour son fils Constantin[2].

Les occasions ne manquèrent donc pas au puissant monarque de l'Occident d'obtenir des reliques de la Passion du Sauveur. On ne saurait mettre en doute qu'il en reçût du patriarche de Jérusalem et que parmi elles se trouvât le saint Suaire qui enveloppa notre Seigneur au tombeau.

Si l'on en pouvait croire un vieux manuscrit de l'abbaye de Saint-Denis, analysé par dom Doublet[3], ou les Chroniques de ce même monastère, l'empereur Charlemagne serait allé lui-même en Orient et aurait rapporté de Jérusalem ou de Constantinople les saintes reliques dont parlent les annalistes. Voici comment se seraient passés les événements :

L'empereur Constantin, faisant la guerre aux Bulgares, fut vaincu par eux. Ses pertes furent considérables. Il rentra humilié dans sa capitale. Sur ces entrefaites, Jean, patriarche de Jérusalem, chassé de son siège, vint à Constantinople lui exposer, à lui et à son fils, Léon, la triste situation de la Terre-Sainte, ravagée par les Sarrasins. L'empereur s'émut à ce récit. Deux lettres furent immédiatement rédigées, l'une par lui, l'autre par le patriarche.

Quatre ambassadeurs, deux Juifs, Isaac et Samuel, et deux Chrétiens, Jean, évêque de Naples, et David, archiprêtre de Jérusalem, furent chargés de les porter à l'empereur

quæ petebantur fieri permisit, sed etiam sacrum illum et salutarem locum, ut illius potestati adscriberetur concessit (EGINHARD. *Vita Caroli magni.* — D. BOUQUET. Histor. Fr., t. V, p. 95).

1. D. BOUQUET. Histor. de France, t. V, p. 95.

2. D. BOUQUET. *Ibid.*, p. 187-188.

3. *Histoire de l'Abbaye de Saint-Denis*, Paris, Buon, t. II, 1625, p. 1205-1210.

Charlemagne. Ce prince était à la tête de ses armées en Auvergne, quand ils arrivèrent à Reims. Ils ne se seraient guère arrêtés en cette ville, si l'évêque de Naples, Jean, chef de l'Ambassade, ne s'était déclaré incapable de continuer le voyage. De violents maux de tête et d'estomac paralysaient ses forces. Ce malaise fut heureusement de courte durée.

Les ambassadeurs se dirigèrent alors vers Paris. L'abbaye de Saint-Denis, qu'ils furent heureux de visiter, les retint trois jours. Quand ils pénétrèrent dans Paris, Charlemagne les y avait devancés. Les lettres qu'ils lui apportèrent lui firent verser des larmes. Il les fit traduire aux officiers de sa cour par l'archevêque Turpin, puis par un édit solennel, il enjoignit à tous ses sujets, capables de porter les armes, de se tenir prêts à jour fixe, sous peine d'une amende annuelle et perpétuelle de quatre deniers d'argent par famille, en signe de servitude. Une brillante armée fut bientôt équipée. Les Sarrasins succombèrent sous ses coups. Jérusalem et la Terre-Sainte bénirent Dieu de leur délivrance.

Pour remercier Charlemagne de ce signalé service, l'empereur Constantin lui fit don des reliques sacrées de la Passion de Notre Seigneur. Douze pieux personnages reçurent la mission de les tirer du temple de Sainte-Sophie. Ils s'y préparèrent durant trois jours par le jeûne et la prière. La cérémonie eut lieu en présence des empereurs d'Orient et d'Occident, du patriarche de Constantinople, des prélats, des princes et du clergé. Les Français, à qui les saintes reliques devaient être livrées, s'étaient également disposés à les recevoir par le jeûne et la confession de leurs péchés. Elles furent confiées à l'évêque de Naples, Jean, qui les porta en la compagnie de Charlemagne jusqu'à Aix-la-Chapelle.

Suivant les Chroniques de Saint-Denis « toutes ces saintes reliques furent mises en divers saz, chacune par lui, et puis furent mises toutes ensamble en un grant sac de cuir de bugle, que li empereres portoit atachié à son col : c'est assavoir, la sainte couronne d'espines, le saint clou, une pièce du fust de la sainte Croiz, le suaire Nostre Seigneur, la chemise Nostre Dame, que elle avoit vestue en celle heure que elle enfanta sans paine Nostre Sauveour, et la ceinture dont elle ceint Nostre Seignour Jésu-Crist ou bercueill, le braz destre saint Syméon, dont il reçut Nostre Sauveour le jour que il fu offers ou temple[1] ».

Portées soit par l'évêque de Naples, soit par Charlemagne lui-même, les saintes reliques arrivèrent enfin à Aix.

Les miracles s'étaient multipliés pendant leur translation. Trois cents personnes avaient été délivrées de diverses maladies. Des morts étaient ressuscités. Les prodiges ne furent pas moins nombreux à Notre-Dame d'Aix. Un mort revint à la vie. Douze possédés du démon, huit paralytiques, quinze boîteux, quatorze manchots, trente bossus, cinquante-deux épileptiques, cinquante-cinq goitreux et diverses personnes atteintes de fièvre obtinrent leur complet rétablissement.

Charlemagne, en vue de faciliter à toutes les nations la vénération des saintes reliques, fixa pour leur exposition une époque qui se nomma *indictum* l'endit. Mais tout d'abord il convoqua à Aix-la-Chapelle, pour les ides de juin, c'est-à-dire pour le 13 juin, tous les archevêques et évêques du monde, et les pria d'annoncer partout la grande fête de la translation de ces saintes reliques et les indulgences que pouvaient gagner en ce jour les pieux fidèles.

Cette imposante assemblée que présida le pape Léon III comprenait sept archevêques, trente-cinq évêques, cinq archidiacres et nombre de prêtres[2].

L'intérêt qui s'attache à ce récit, emprunté presque tout entier à dom Doublet, est assurément considérable. Mais il

1. Dom BOUQUET. *Histor. de France,* t. V, 277-278.

2. D. Jacques DOUBLET. *Histoire de l'Abbaye de Saint-Denis en France.* Paris, Nicolas Buon, 1625, t. II, p. 1205-1209. — Dom GILLESON. *Mémoires.* Bibl. Nation. ms. fr. 19841, f° 92-98. — Voyez Appendice n°s II et III.

nous faut reconnaître que la trame des faits est en complet désaccord avec les données de l'histoire.

Sans doute, Constantin Copronyme fit la guerre aux Bulgares avec des chances diverses. Son règne qui s'étend de 747 à 775, et celui de son fils Léon IV Chazare, qui, né en 750, mourut le 8 septembre 780, coïncident suffisamment avec celui de Charlemagne. En 771, Léon, âgé de vingt-et-un ans, pouvait déjà prendre part aux affaires publiques. A cette date, Charlemagne, après la mort de son frère Carloman, demeurait seul maître de la France, autrement dit de tout l'Occident. Jean, patriarche de Jérusalem, pouvait alors également, aussi bien adresser d'humbles suppliques à Constantin, que se signaler, comme il le fit, par une invective contre ce prince iconoclaste, publiée parmi les œuvres de saint Jean Damascène. Occupa-t-il le siège patriarcal entre Théodore, vivant encore en 767, et Eusèbe dont il est fait mention en 772? Cela n'est pas prouvé.

Si donc le patriarche de Jérusalem, l'empereur Constantin et son fils Léon ont fait parvenir des lettres à Charlemagne, ce ne peut être qu'en 771. Mais ces lettres donnent à Charlemagne le titre d'empereur qu'il prit seulement en l'an 800, le jour de Noël, après son sacre et son couronnement à Saint-Pierre de Rome par le pape Léon III. Peut-on supposer qu'il ait longtemps tardé à partir pour la Terre-Sainte ou qu'il y soit resté vingt-cinq ans et n'en soit revenu qu'à la fin du siècle? Il faudrait ne pas connaître l'histoire de cette époque.

La Chanson du voyage de Charlemagne à Jérusalem est sortie toute entière de l'imagination des ménestrels. Rédigée vers 1075, suivant les savantes déductions du regretté M. Gaston Paris, elle ne fait que reproduire les légendes alors accréditées. Rien n'est gracieux comme son récit du don du saint Suaire. A la demande que Charlemagne adresse au patriarche, celui-ci répond: « Je vous donnerai ces reliques. Il n'en est pas de plus précieuses sous le ciel. C'est le Suaire que Jésus avait sur la tête, quand, placé et couché au sépulcre, il fut gardé par les Juifs, armés d'étincelantes épées[1]. » Nous avons là une preuve qu'au XIe siècle personne ne doutait que Charlemagne eût reçu de nombreuses reliques de Jérusalem. Le fait d'ailleurs est incontestable. Il a été enregistré par tous les annalistes, nous l'avons constaté.

Il n'en reste pas moins vrai, que l'ambassade envoyée à Charlemagne et le voyage de ce prince en Orient doivent être mis au nombre des élucubrations romanesques. Le dénombrement de l'assemblée d'Aix-la-Chapelle ne saurait obtenir plus de créance.

Le pape saint Léon III, nous le reconnaissons, vint deux fois en France visiter Charlemagne, la première fois en 799, la seconde fois en 804. La chronique de Moissac nous apprend même qu'un concile fut tenu à Aix-la-Chapelle en 802, au mois d'octobre. On s'accorde à dire que la consécration de la basilique Notre-Dame d'Aix a pu avoir lieu soit en 799, soit plus probablement le 6 janvier 805[2],

1. 169 Durrai vus tels reliques, meillurs n'en at suz ciel :
Del sudarie Jesu, que il out en sun chief,
Cum il fut al sépulcre e posez e culchiez,
Quant Judeu le guardèrent as espées d'acier.

(MICHELANT et RAYNAUD. *Itinéraires à Jérusalem*. Genève, 1882, p. 5. — Le chanoine Ulysse CHEVALIER. *Etude critique sur l'origine du saint Suaire de Lirey-Chambéry-Turin*, Paris, 1900, p. 11).

On trouvera plus loin (Appendice, n° III A) toute la partie de *la Chanson du Voyage de Charlemagne à Jérusalem*, relative aux saintes Reliques, données par le patriarche.

2. E. TEICHMANN. *Sur la consécration de la cathédrale d'Aix-la-Chapelle par le pape Léon III*. ROMANIA, t. XXVIII, 1899, p. 269-273.

« Que le pape Léon III ait été à Aix, pendant les premières semaines de l'année 805, personne ne saurait le contester. Or, la chapelle de Notre-Dame d'Aix, dont la construction est mentionnée pour la première fois en 796, ne peut avoir été achevée en moins de huit ans, ce qui nous mène précisément à cette date de 805. D'autre part, rien au monde ne répondait mieux au sentiment de Charlemagne qu'une solennelle consécration du nouveau temple par le chef spirituel de la chrétienté. C'est donc pour déférer au vœu de l'empereur, que le pape, quittant avec lui Quierzy-sur-Oise, où ils avaient célébré ensemble la fête de Noël, se dirigea vers Aix, pour y accomplir, le 6 janvier 805, la céré-

mais aucun des archevêques et des évêques, cités comme présents à la cérémonie, ne figure, à ces dates, dans les listes du *Gallia Christiana*. Turpin occupait-il encore le siège de Reims? Nous ne saurions l'affirmer. Lyon avait pour archevêque Leidrad et non Jean. L'archevêque de Tours n'était pas Arnoul, mais Joseph. Celui de Sens était Ragembert ou Magne et non Haimbert. Bourges avait à sa tête saint David ou saint Etienne, et non Gosbert. Ce n'était pas Grimoud qui était archevêque de Rouen, mais bien Mainard. Dans ce dénombrement, l'évêque de Beauvais est appelé Macarius. Aucun évêque du nom de Macaire n'a gouverné l'église de Beauvais. L'évêque d'Amiens était Jessé et non Richard; l'évêque d'Orléans Théodulphe, et non Guibert. Il est inutile de poursuivre plus loin notre examen. Tout est faux dans ce dénombrement.

Vincent de Beauvais, cependant, dans son *Miroir historial*[1], a jugé utile de mentionner tant le don des reliques fait à Charlemagne, à la suite d'une brillante expédition en Terre-Sainte, que la translation de ces reliques et la solennité de leur susception à Aix-la-Chapelle.

Il n'est, en réalité, que deux faits sur lesquels nous ayons jusqu'ici une certitude absolue. Le premier est que saint Arcoul a vénéré le saint Suaire à Jérusalem, vers l'an 690, et le second que Charlemagne a reçu des reliques de la Passion à Aix-la-Chapelle en 799. A moins de dire que saint Arcoul et Charlemagne ont été l'objet d'une mystification de la part du patriarche de Jérusalem, il faut bien admettre que si le premier a vu le saint Suaire dans la

monie dédicatoire. » (M. Loersch. Analyse de la *Vita Karoli magni* dans Rauschen, *Die Legende Karls des Grossen*, p. 181, 183. — E. Teichmann. *Op. cit.*

Ipse (imperator) obviam illi (Leoni pape) Remorum civitatem profectus est, ibique susceptum, primo Carisiacum villam, ubi Natalem Domini celebravit (anno DCCCIV) deinde Aquisgrani perduxit (Eginhardi *Annales. Patrol. lat.*, t. CIV, col. 464).

1. *Speculum historiale*, l. XXV, c. 4 et 5. *Bibliotheca mundi*, t. IV, p. 664, col. 2. — Voir Appendice, n° V.

ville sainte, au second furent remises, à Aix-la-Chapelle, de véritables reliques du tombeau de Notre Seigneur et, parmi ces vénérables monuments, le saint Suaire, dont il sera facile désormais de suivre la trace.

Un certain nombre d'églises ont prétendu posséder cette dernière relique. Besançon, Cadouin, Cahors, Carcassonne, Turin et d'autres encore ont disputé cette gloire à Compiègne. Turin doit y renoncer, car il a été démontré que son Suaire n'est qu'une représentation, un fac-simile, œuvre d'un peintre du XIVe siècle [1]. Les prétentions de Besançon ne sont guère mieux fondées. Il est prouvé que son Suaire n'était, lui aussi, qu'un simple accessoire d'un drame liturgique, remontant seulement à l'an 1208, et qu'il servait encore comme tel au XVIe siècle [2]. Le Suaire de Cadouin, au diocèse de Périgueux, était inconnu avant 1210. On voit apparaître la sainte Coiffe de Cahors vers l'an 1230. Du saint Cabouin de Carcassonne, il n'est parlé nulle part avant le XIIIe siècle. Tous ces suaires ont de la peine à établir leur provenance [3]. Seul, le saint Suaire de Saint-Corneille de Compiègne a des titres d'une réelle valeur à partir de 799.

III. Le Saint Suaire à Aix-la-Chapelle.

Un examen attentif des diverses annales, relatant l'envoi à Charlemagne des reliques du Saint-Sépulcre, nous a permis d'y constater beaucoup d'emprunts à une source commune. Les mêmes procédés apparaissent dans la série des chroniques rapportant les translations de ces reliques d'abord dans la basilique d'Aix, puis d'Aix à l'abbaye de Saint-Denis. Il est à remarquer que plus la narration remonte

1. U. Chevalier. *Étude critique sur l'origine du saint Suaire de Lirey-Chambéry-Turin*, Paris, Picard, 1900, p. 18-20.

2. *Le saint Suaire de Besançon et ses pélerins*, par M. Jules Gauthier ; *Mémoires de la Société d'Emulation du Doubs*, 1902, p. 168.

3. U. Chevalier. *Ibid.*

haut sur l'échelle des siècles, plus elle est concise. Nous possédons quatre, si ce n'est cinq récits des translations qui nous occupent. Tous suivent le même ordre. Les amplifications seules les différencient. Les derniers, évidemment, ont pris pour modèle les premiers et ne se sont pas fait faute de les copier.

Le texte le plus abrégé et vraisemblablement le plus ancien est celui qu'a publié Charles du Saussay dans ses *Annales Ecclesiæ Aurelianensis*[1], pour mettre en lumière le mytique évêque d'Orléans, Guibert. Il l'a tiré, dit-il, d'un vieux manuscrit de l'abbaye de Saint-Denis. Ce texte, cependant, ne peut être antérieur à 876. Dans quel dessein les moines l'auraient-ils rédigé, si ce n'est celui d'établir l'authenticité des reliques que venait de leur apporter Charles le Chauve ? Il n'en est pas moins précieux à raison de l'état qu'il renferme des reliques envoyées à Aix-la-Chapelle. L'original, hélas ! semble à jamais perdu. Il nous aurait permis de juger si ce texte est vraiment de la fin du IXe siècle. Toutefois, nous remontons avec lui jusque vers l'an 800. Du Saussay dit 804, ce pourrait aussi bien être 799. L'année 804, il est vrai, est la date plus probable qu'à la suite de Baronius, du Saussay assigne à la consécration de la cathédrale d'Aix-la-Chapelle par le pape Léon III[2].

A-t-on, immédiatement après cette consécration, consigné par écrit, à Aix, tous les détails de la fête ? Nous ne sommes pas autorisés à l'affirmer, mais ce n'est pas invraisemblable. Dans cette hypothèse, les moines de Saint-Denis n'auraient eu, pour cette partie de leur manuscrit, que le rôle de copistes.

Le saint Suaire *Sudarium Domini* y figure entre huit épines de la sainte Couronne du Christ, l'un des clous de la Passion et un fragment de la vraie croix, d'une part, et

1. Charles du SAUSSAY. *Annales Ecclesiæ Aurelianensis*, Paris. Drouart, 1615, in-4°, p. 278-280. — Appendice, n° III B. — Cf. D. GRENIER, t. LXVI, p. 93.

2. Le 6 janvier de l'année 804 (vieux style) appartient en réalité à l'année 805.

la chemise de la Sainte Vierge, la ceinture de Notre Seigneur au berceau et le bras de saint Siméon, d'autre part.

Un second texte, se rapprochant assez de celui de du Saussay, nous a été conservé par dom Jacques Doublet, qui l'a inséré dans son *Histoire de l'Abbaye de Saint-Denis* [1]. Une petite addition s'y fait déjà remarquer à la liste des reliques. Le texte de du Saussay porte *huit épines de la couronne du Seigneur*, celui-ci ajoute *avec le fragment de tige qui les portait*. Faut-il lui assigner comme date le milieu du xe siècle ? L'original nous manque encore pour asseoir notre jugement.

M. Gerhard Rauschen [2] s'est fait l'annotateur d'un troisième texte qui a pour titre : *Descriptio qualiter Karolus magnus clavum et coronam Domini a Constantinopoli Aquisgrani detulerit, qualiterque Karolus Calvus hec ad sanctum Dyonisium retulerit* [3]. Il existe deux manuscrits de ce précieux document; l'un est à la Bibliothèque Nationale parmi les manuscrits latins, sous le n° 12710, l'autre appartient à la bibliothèque de la Cour de Vienne. Au manuscrit de la Bibliothèque Nationale, le récit des translations, dont il s'agit, se trouve contenu dans les douze premiers folios. Suivant M. Gaston Paris, il a pu être rédigé entre 1050 et 1075 [4]. Ces trois textes similaires renferment le même

1. D. Doublet, *Hist. de l'Abbaye de Saint-Denis*, p. 1209. — D. Gilleson, *Mémoires*, Bibl. nat. ms. fr. 19841, f° 92-93. — Appendice, n° III C.

2. Gerhard Rauschen. *Publikation der Gesellschaft für reinische Geschichtskunde*, VII. *Die Legende Karls des Grossen im 11, und 12 Iahrkundert*. Leipzig, 1890, p. 103-125.

3. Appendice n° III D.

4. L'exposition des saintes reliques, y est-il dit, aura lieu tous les ans à Aix, au mois de juin, dans la seconde semaine, pendant le jeûne, c'est-à-dire le mercredi des Quatre-Temps, *in Junio mense et in ebdomada secunda, in jejunio, scilicet Quatuor Temporum quarta feria*. Le jeûne des Quatre-Temps pour l'été restait donc, encore à cette époque, fixé à la seconde semaine de juin, conformément à l'ancien

catalogue des reliques données à Aix-la-Chapelle par Charlemagne. Le dernier désigne ainsi la chemise de la Sainte Vierge : *Interulam quoque beatissime Marie, matris ipsius Domini, semper virginis, quam in ipso partu habuit.* Les deux premiers disent simplement *Camisia beate virginis Marie, matris Christi.* La mention du saint Suaire ne varie pas. C'est toujours *Sudarium Domini* ou *Sudarium ejusdem Domini.*

Quel est parmi ces textes celui qui est entré dans les Chroniques de Saint-Denis ? A ne considérer que la similitude des expressions, ce doit être le troisième [1]. Pour s'en

Ordo Romain. C'est le pape saint Grégoire VII qui l'a déplacé et lui a assigné l'octave de la Pentecôte. Nous nous en rapportons au *Micrologue* (ch. XXV. — *Patrol. lat.*, t. CLI, col. 997).

1. Dom Bouquet (*Recueil des Historiens des Gaules et de la France*, t. V, p. 269) ne semble pas avoir attaché d'importance à cette multiple rédaction d'un même récit aux trois quarts controuvé. « Toute cette narration, dit-il, est tirée d'un manuscrit latin de l'abbaye de Saint-Denis, comme le témoigne Doublet dans les Antiquités de cette abbaye, livre 4, ch. 3. J'en ai trouvé aussi le latin dans un manuscrit de l'abbaye de Saint-Germain-des-Prés, n° 646, sous ce titre : « *Incipit descriptio qualiter Karolus Magnus clavum et coronam Domini a Constantinopoli Aquisgrani attulerit qualiterque Karolus Calvus haec ad sanctum Dionysium retulerit.* Tout y est fabuleux : Charlemagne n'alla jamais à Jérusalem ni à Constantinople. Le Père Le Cointe réfute au long cette fable dans les *Annales Ecclésiastiques*, à l'an 800, n° 28, et les suivans ». Le manuscrit n° 646 de Saint-Germain-des-Prés, hâtons-nous de le faire observer, est devenu le n° 12710 du fonds latin de la Bibliothèque nationale. La mention *Sancti Germani a Pratis*, n° 1085 *olim* 646, inscrite sur la garde, ne laisse aucun doute sur la provenance.

Il n'est pas hors de propos de relater ici le jugement porté par M. Gaston Paris, en 1880, sur la partie de ce manuscrit renfermant la narration en question. « Vers la fin du second tiers du xie siècle, dit-il, fut composée la légende latine (du pèlerinage de Charlemagne) une des fraudes à la fois les plus grossières et les plus audacieuses, qui soient sorties des officines monacales. L'auteur ne connaît, à Constantinople, d'autre souverain contemporain de Charlemagne que Constantin, fait venir le pape à Aix pour consacrer les prétendues reliques, réunit au même effet un concile imaginaire, où figurent les abbés de monastères fondés à la fin du xe siècle, et prouve, en un mot, autant d'ignorance que d'effronterie. Son ouvrage n'en eut pas moins le plus grand

convaincre, il suffit de le mettre en regard de la traduction française des Chroniques faites au XIIIe siècle[1]. Philippe Mouskès s'en est également servi pour rédiger sa Chronique rimée vers 1240. Le *Sudarium Domini* devient, dans les Chroniques de Saint-Denis, « le saint Suaire en quoi il fu envelopez ou sepulcre ». Dans la Chronique de Mouskès, il est dit que Charlemagne :

Et le Suaire Jhesu Christ
Ki viertus et miracles fist,
Dont il ot la face couverte
Aporta-il, c'est cose apierte[2].

Il est donc bien avéré qu'Aix-la-Chapelle a possédé le saint Suaire de Notre Seigneur, avec beaucoup d'autres reliques, dont cette ville fut redevable à la piété de Charlemagne. Tous les chroniqueurs depuis le IXe siècle sont d'accord sur ce point, aussi bien les trois vieux manuscrits

succès. Dès 1124, Louis VI, ou plutôt Suger, abbé de Saint-Denis, s'y réfère comme à un document authentique. Plus tard, il passa dans toutes les compilations historiques et ne tomba dans le mépris qui lui est dû qu'à la renaissance des lettres ». Dans une note, M. Gaston Paris ajoutait : « Malgré la justice de ce mépris, la *Descriptio* offre aujourd'hui de l'intérêt à divers points de vue » (G. PARIS. *La Chanson du Pèlerinage de Charlemagne*. ROMANIA, 1880, t. IX, p. 32.)

Depuis, le ton du savant critique s'est quelque peu adouci. En 1899, il a fait paraître chez Hachette un volume in-12, intitulé *La Poésie du Moyen-Age*. *La Chanson du Pèlerinage de Charlemagne* (p. 119-149) lui fournit l'occasion de parler encore de la *Descriptio* en ces termes : « Une légende latine, écrite à Aix et remaniée à Saint-Denis vers 1070, racontait que Charlemagne avait rapporté (de Jérusalem ou de Constantinople) différentes reliques, et qu'il les avait déposées à sa chapelle d'Aix, d'où, plus tard, Charles-le-Chauve les avait tirées pour les offrir à l'abbaye française ».

Quoi qu'il en soit de ces divers jugements, la liste des saintes Reliques ainsi que leur arrivée à Aix-la-Chapelle et leur translation tant à Saint-Denis qu'à Compiègne ne sauraient inspirer la moindre suscipion.

1. Appendice, n° III E.

2. Appendice, n° VI.

latins des abbayes de Saint-Denis et de Saint-Germain-des-Prés, que la *Chanson du Pèlerinage de Charlemagne*, le *Miroir historial* de Vincent de Beauvais, les *Grandes Chroniques de Saint-Denis* et *La Chronique rimée* de Philippe Moukès. La fable relative au voyage de Charlemagne à Jérusalem a pu facilement échapper au contrôle, de même que le dénombrement des évêques présents à la consécration de la cathédrale d'Aix-la-Chapelle. Il en fut tout différemment pour les Reliques que l'on visitait continuellement. Nous avons toute garantie à leur sujet[1].

IV. La Translation du saint Suaire à Compiègne.

Charlemagne avait construit dans son palais d'Aix-en-Allemagne une chapelle en l'honneur de la bienheureuse Vierge, Mère de Dieu. Pour le remède de son âme et la rémission de ses péchés, et aussi parce que là se trouvait le siège de son empire, il en avait confié l'administration à cent clercs. Afin de rendre ce lieu vénérable, il y avait déposé une grande quantité de reliques et l'avait décoré d'ornements de tout genre[2].

Charles-le-Chauve, qui n'eut pas Aix-la-Chapelle dans sa part d'héritage, voulut, lui aussi, à l'exemple de son aïeul, avoir une chapelle dédiée à la Sainte-Vierge dans l'un de

1. Nous devons à M. le Dr E. Teichmann, d'Aix-la-Chapelle, la plupart des documents relatifs au séjour du saint Suaire à Aix. Qu'il nous soit permis de lui en exprimer ici toute notre reconnaissance. — Voyez *Aachen in Philipp Mouskets Reimchronik* II. Teil, von E. Teichmann. Hermann Kaatzer, Aachen 1903, in-8°.

2. Karolus, cui divina Providentia monarchiam totius hujus imperii conferre dignata est, in palatio Aquensi cappellam in honore beatæ Dei Genitricis et virginis Mariæ construxisse, ac clericos inibi Domino ob suæ animæ remedium atque peccaminum absolutionem pariterque ob dignitatem apicis imperialis deservire constituisse ac congerie quamplurima reliquiarum eundem locum sacrasse multiplicibusque ornamentis excoluisse dinoscitur (E. Morel. *Cartulaire de Saint-Corneille*, n° I).

ses palais, et c'est Compiègne qu'il choisit pour réaliser son pieux dessein. Le 5 mai 877, le pape Jean VIII, entouré de soixante-douze évêques, consacra solennellement la basilique de Sainte-Marie au monastère de Compiègne qui, plus tard, à la réception des reliques de Saint Corneille et de Saint Cyprien, ajouta les noms de ces deux saints à son titre d'abbaye de Notre-Dame[1].

C'est à cette basilique que Charles-le-Chauve confia la garde du saint Suaire. L'histoire de la translation des saintes reliques d'Aix-la-Chapelle à Saint-Denis[2] le dit formellement : « Après la mort de ses trois frères, y lisons-nous, Charles-le-Chauve gouverna seul les quatre royaumes. Son règne fut pacifique. Il joignit à son empire tous les Etats qui venaient de lui échoir. Il l'emporta sur tous les rois de France, passés et futurs, par son incomparable piété et par son exquise bonté, et il les surpassa de même en générosité à l'égard des églises. Car il multiplia les monastères dans toute l'étendue de son empire, et se signala par ses largesses envers eux.

« Le couvent de Saint-Denis, l'aréopagite, où repose le corps de notre glorieux patron, a été merveilleusement enrichi par lui d'ornements précieux et doté de nombreuses terres. Il a somptueusement installé le monastère de Saint-Corneille de Compiègne. En outre, après de longues années, se souvenant des rapines dont il s'était rendu coupable dans l'église de Dieu et de son saint martyr Denis, à laquelle il avait enlevé l'or, l'argent et les autres dons, qu'avaient offerts pour l'expiation de leurs péchés les ducs, comtes et autres personnages, il apporta dévotement à cette église la couronne d'épines de Notre Seigneur et l'un des clous qui avaient transpercé sa chair, du bois de la Croix et plusieurs autres reliques encore. Mais il laissa à Compiègne le saint Suaire, *Sudarium Domini Compennii dimisit*.

« Il avait conçu le dessein de faire de cette ville une

1. *Cart. de Saint-Corneille*, chartes I, XVII, XVIII, XIX, XXI.

2. Appendice, n° III D.

place forte sur le modèle de Constantinople et, à la suite de nombreux travaux, il lui avait donné son nom, l'appelant Carlopole, comme jadis fit Constantin pour Constantinople. »

Un siècle plus tard, Richard de Poitiers (1156-1174), dans sa chronique, s'est fait l'écho de cette narration. « Charles le Chauve, dit-il, après la mort de ses frères, régna sur les Francs pendant vingt ans. Il reconstruisit à Compiègne une église en un fort beau style et la combla de revenus et de domaines fonciers. En outre, il l'enrichit de reliques qu'il apporta de Jérusalem et de Constantinople. Au nombre des reliques qu'il y plaça, figure le très saint Suaire que le Christ Notre-Seigneur eut dans le tombeau. Il s'y est conservé jusqu'à ce jour[1] ».

Un fragment d'histoire de France, publié par André Duchesne, porte également : Le roi des Francs, Charles, a bâti Compiègne, ville de France, et l'a fait appeler de son nom Carnopolis. Il lui a donné un titre de noblesse en lui confiant le précieux Suaire de Notre-Seigneur[2].

« Lorsque le saint Suaire, dit Langellé[3], approcha de la

1. Karolus Calvus, post mortem fratrum suorum regnat super Francos annis XX. Hic cum Normannis et Britonibus sæpe conflixit. In Hierusalem quoque cum magno, ut fertur, perrexit exercitu, orationis gratia. Inde vero post, Constantinopolim rediens, repetiit Franciam, ubi nobilem ecclesiam apud Compendium castrum de novo construxit, multisque redditibus et prædiis illam ditavit, insuper reliquiis quas de Hierosolymis et Constantinopoli advexerat eamdem insignivit ; inter quæ pretiosissimum Sudarium Domini, quod in sepulchro habuit in præfata ecclesia reposuit, quod usque hodie ibidem asservatur. (*Chronicon fratris Richardi Cluniacensis monachi*, 1156-1174. D. MARTÈNE. *Veter. Scriptor. et Monument. Collect.* 1729, t. V. c. 1166. D. BOUQUET. *Histor. de la France*, t. VII, p. 259.)

2. Rex quoque Francorum Karolus Compendium, Gallie villam, edificavit et eam Carnopolim suo de nomine vocari precepit, quam etiam precioso Domini nostri Syndone nobiliter insignivit (*Fragmentum Histor. Francicæ* a Ludovico pio ad regem Robertum. A. DUCHESNE. *Hist. Franc.* t. VI, p. 225).

3. *Histoire du saint Suaire de Compiègne, par dom Jacques Lengellé, religieux bénédictin de la Congrégation de Saint-Maur.* Paris, J.-B. Coignard, in-12, 1684, p. 41-42.

ville de Compiègne, sur la fin de l'année 876, ou bien au commencement de la suivante, le clergé et les habitans allèrent le recevoir à un demy-quart de lieue de la ville. On éleva une croix dans ce lieu et depuis une chapelle qui fut appellée du saint Signe (saint Suaire). C'est à présent un ermitage au bord de la forest. On le visite très souvent à cause de la dévotion que l'on a pour le saint Suaire qui a reposé dans ce lieu. Les deux frères ermites, qui dépendent de saint Corneille, montrent encore quelques écritures gothiques qui font foy de ce que je viens de dire. On dit que Charles le Chauve composa l'office et les répons propres à la procession du saint Suaire, mais je n'ose l'assurer que sur la bonne foy des titres anciens que j'ai leus. Depuis huit cens ans que le saint Suaire a esté apporté à Compiègne, l'on a conservé la mémoire de cette faveur par une procession dans laquelle on a toujours porté la sainte relique à l'ermitage du saint Signe, le mercredi d'après Pasques. »

Il ne serait resté aucun souvenir des fêtes de la translation du saint Suaire à Compiègne par Charles le Chauve, si la piété des fidèles n'avait élevé la croix et la chapelle, dont vient de nous entretenir dom Lengellé. L'ermitage n'existe plus. Sur l'emplacement de la chapelle est une habitation de garde forestier qui continue à s'appeler la Croix du saint Signe. Ce nom avec la tradition qui s'y rattache ne suppléent que bien imparfaitement au silence des annalistes. Sans doute, ils suffisent à attester l'enthousiasme de la population à l'arrivée de la vénérable relique, mais nous n'en ignorons pas moins l'année, le jour et le cérémonial de la solennité de la susception.

V. La Translation du saint Suaire dans une châsse d'or.

La translation du saint Suaire dans la châsse d'or qui l'a renfermé jusqu'à la Révolution nous est mieux connue. Quand a-t-elle eu lieu ? Si l'on s'en tenait à la charte donnée à cette occasion par le roi Philippe Ier, on pourrait croire que ce fut à la Mi-Carême de l'année 1092, la quinzième de l'indiction.

Nous avons en effet dans cette charte, conservée au cartulaire de l'abbaye de saint Corneille[1], tout le détail de la cérémonie.

« Pour témoigner, dit le roi, notre reconnaissance à Dieu et pour répondre à l'humble requête des frères de l'église de Compiègne, et principalement aux instances réitérées de la très chrétienne Mahaut, reine d'Angleterre, il nous a plu de procéder à la translation des reliques de Notre-Seigneur et Sauveur. L'empereur Charles le Chauve, prince très chrétien et monarque magnifique du monde entier, avait placé ces reliques avec une grande dévotion dans un vase d'ivoire, à Compiègne, séjour royal et vénérable. Nous les avons déposées dans un autre vase en or, merveilleusement orné de gemmes et autres pierres précieuses que la susdite reine d'Angleterre avait envoyé à l'église de Compiègne. C'est le dimanche *Lætare Jerusalem* que s'est faite cette translation, selon le cérémonial qui avait été arrêté et réglé entre les évêques et les fidèles du Christ. Trois jours de jeûne ont précédé l'exposition de ces reliques sacro-saintes, savoir le *linteamen*, le linceul dans lequel le corps du Christ fut enveloppé dans le tombeau et que nous nommons *Sindon* avec l'évangéliste. Puis, nous les avons retirées du vase d'ivoire pour les enchâsser dans le vase d'or. La cérémonie s'est faite au milieu des actions de grâce et des vœux des fidèles, en présence d'une innombrable et presque infinie multitude de chrétiens[2]. »

1. E. Morel. *Cartul. de saint Corneille*, n° XXII.

2. Ammonitus divina Dei propitiatione et fratrum Compendiensis ecclesie supplici commonitione et precipue creberrima flagitatione christianissime Mathildis, Anglorum regine, placuit nobis, ut Domini et Salvatoris relliquias quas imperator Karolus, vir christianissimus et totius orbis monarcha magnificus, Compendii, in loco regio et venerabili, posuerat et cum summa devotione in vase eburneo condiderat, inde in aliud vas, quod predicta Anglorum regina auro gemmis et

Comme on a pu le remarquer, le roi ne dit pas du reliquaire, que la reine Mahaut vient de l'envoyer au monastère, mais qu'elle l'avait envoyé, *transmiserat*. Il ne dit pas non plus du cérémonial, qu'il a été arrêté entre les évêques et les fidèles, mais qu'il avait été arrêté *sicut ordinatum et dispositum fuerat*. Un certain temps s'était donc écoulé entre la translation du saint Suaire et la confection de l'acte qui en décrit la solennité, sinon la rédaction aurait porté *transmisit, dispositum fuit*.

La reine Mahaut de Flandres vivait encore quand eut lieu la cérémonie. Or, nous savons qu'elle est décédée le jeudi 2 novembre 1083.

D'autre part, nous lisons dans la vie de saint Simon, comte de Crépy, qui se fit moine bénédictin au monastère de Saint-Claude ou Saint-Oyend-de-Joux en Franche-Comté :

« Vers le même temps (1082), l'abbé de Cluny, Hugues de bonne mémoire, pria le bienheureux (Simon) d'aller en France porter au roi Philippe ses réclamations et ses remontrances, au sujet des usurpations dont il avait à se plaindre. Pour obéir à son abbé, Simon partit. En route, il apprend qu'à Compiègne, séjour royal, on se prépare à transférer solennellement le saint Suaire dans une châsse d'or. Changeant quelque peu de direction, il se rend en cette ville par le chemin le plus court. Dieu aidant, son voyage s'effectue avec rapidité. Son premier souci est d'entrer incognito dans l'église de Saint-Corneille pour y prier. Il est vite reconnu par les assistants. Sa présence n'est bientôt plus

preciosissimis lapidibus mirifice ornatum et decoratum ecclesie Compendiensi transmiserat, deponeremus. Factum est igitur hoc, sicut ordinatum et dispositum fuerat, ab episcopis et Christi fidelibus, die dominica Letare Iherusalem, que est media Quadragesime, et, peractis triduanis jejuniis, exposita sunt illa sacrorum sacra, Linteamen videlicet in quo Dominicum corpus in sepulchro jacuisse perhibetur, quod Sindonem, secundum Evangelistam, nominamus, et ex eburneo in supradicto vase aureo deposita cum gratiarum actione et votis fidelium, congregata innumerabili et infinita christianorum multitudine. (E. Morel. *Cartul. de saint Corneille*, n° XXII).

un secret pour personne. La foule pousse des cris de joie. On l'entoure, on l'acclame. Il a peine à se soustraire aux obsessions de la multitude, pour se rendre au palais.

« Le roi qui vient d'arriver l'accueille avec affection et respect, le traite avec beaucoup d'égards, s'informe du motif de son voyage et promet de lui donner pleine satisfaction. Simon s'acquitte de sa mission, expose ses griefs et obtient tout ce qu'il demande. Le lendemain, après avoir assisté à la cérémonie et vénéré les reliques du Seigneur, il s'en va en Normandie rendre visite au roi et à la reine d'Angleterre qui l'ont élevé[1] ».

La suite du récit nous montre saint Simon rentrant au monastère de Saint-Claude, puis aussitôt mandé à Rome par le pape, saint Grégoire VII. Il y meurt. La reine Mahaut envoie une grande somme d'or et d'argent pour orner son tombeau.

La chronique d'Albéric de Trois-Fontaines nous donne la date de la mort de saint Simon de Crépy. L'an 1082, dit-elle, fortifié par les sacrements du Seigneur, Simon rendit son âme à Dieu la veille des calendes d'octobre, le 30 septembre. Le nécrologe de Saint-Claude avance cette mort d'un jour. *III Kalendas octobris, obiit Simon, comes*, le 29 septembre, décès du comte Simon.

Toutes les dates que nous venons de rapporter sont vraies. C'est bien le quatrième dimanche de Carême, 3 avril 1082, qu'eut lieu la translation du saint Suaire. C'est le 29 ou le 30 septembre de la même année, qu'est mort saint Simon de Crépy. C'est le 2 novembre de l'année suivante, qu'est décédée la reine Mahaut. C'est dix ans plus tard, l'an 1092, la quinzième de l'indiction, date bien précisée quant au temps et au lieu, que, pendant son séjour au palais de Compiègne, le roi Philippe Ier fit dresser acte des privilèges qu'il avait accordés aux clercs de Saint-

1. *Vita beati Simonis, comitis Crespeiensis*, c. XI. L. d'Achery. *Œuvres de Guibert de Nogent*, Paris, 1651, in-f°, p. 676 ; Migne, *Patrol. lat.*, t. CLVI, col. 1219.

Corneille, à l'occasion de la solennité du saint Suaire. Il suffit d'examiner minutieusement les textes, pour constater qu'il n'existe aucune contradiction entre eux.

VI. Description du saint Suaire et de sa châsse.

En quoi consistait le saint Suaire et quelle fut la châsse donnée par la reine Mahaut ? L'historien de la ville de Compiègne et de l'abbaye de Saint-Corneille, D. Bertheau, va nous l'apprendre :

« Le saint Suaire de Compiègne, dans lequel, dit-il, le corps de Jésus a toujours demeuré gisant ensevely dans le sépulchre est faict et composé de toille fine et déliée, toute tissue de lin, ayant encore sa blancheur naturelle sans tache aucune, du moins qui soit bien apparente, fort long et large et capable de contenir et envelopper un grand corps humain, auprès duquel se trouve encore un aultre linge non moins précieux que le premier assçavoir : le linceul sacré qui couvrit le chef adorable du mesme Jésus dans le sépulchre, que l'évangéliste sainct Jean (ch. XX, 7) appelle le Suaire qui estoit sur le chef de Jésus, que les anges ne meslèrent pas avec les aultres linges, mais le meirent à part tout enveloppé par révérence, comme le tesmoigne le mesme évangéliste. Ce linceul, en comparaison du précédent, est fort petit, mais néantmoins capable de couvrir la teste, estant de la grandeur d'un amict dont se sert le prestre se revestant pour dire la messe.

« L'église de Compiègne a l'obligation de ces deux rares et très sainctes relicques à l'empereur Charles-le-Chauve, son fondateur, qui la voulant honorer et enrichir entre toutes celles du royaume, la feist dépositaire de ces thrésors sacréz et de plusieurs aultres qu'il feist apporter de la ville d'Aix en Allemagne, où Charlemagne, son aïeul, les avoit faict mettre pendant son vivant.

« L'on tient communément par une tradition fort ancienne

que lorsque ces précieuses reliques furent apportées en France, la famine qui pour lors estoit générale cessa miraculeusement, et de plus qu'il se feist un aultre signalé miracle en un lieu où elles furent posées en les apportant à Compiègne, qui n'est qu'à demy lieue d'icelle, qui depuis en mémoire d'une telle merveille fut nommé sainct Signe (*sanctum Sudarium*) où se veoit encore à présent un hermilage qui est fort ancien.

« Ces deux suaires estoient ensemble dans un mesme vaisseau d'ivoire, qui se garde encore dans le thrésor pour marque aussi certaine qu'évidente de leur antiquité, d'où du depuis ils furent transféréz fort solennellement dans une aultre très riche du don de Mathilde royne d'Angleterre, femme de Guillaume le Conquérant, très devotte princesse qui vivoit il y a près de six cens ans[1], qui l'envoia pour cest effect, beau présent digne dépositaire d'un tel thrésor, si touttefois il s'en peut trouver d'assez digne.

« Ce vaisseau est d'or pur en forme de châsse, ayant de longueur un pied quatre poulces (0,44 centim.) et de douze poulces (0,33 cent.) de haulteur, soustenue de quatre lions d'argent doré. Le bas de la châsse en forme de piedestal large d'un grand poulce (0,03 centim.) et plus, tout d'ouvrage de roulement de fil, orné de quantité de grosses perles rondes avec grenats, cornalines et onix gravéz et, entre deux, fleurons esmaillés d'ouvrage d'applicque en forme de croix.

« Au dessus sont les douze apostres, assis dans des chaires tout autour, excepté à l'un des bouts où se veoit l'ange qui salue la Vierge. Le tout en figures demy ronde bosse, chacune en sa niche. Entre lesquelles figures sont des colonnes plattes ou pilastres et piédestaux qui portent le dessus des dictes niches, estant les dictes colonnes d'or esmaillé de plusieurs couleurs claires, aussi bien que le tour desdictes figures faict en forme de croissant (demy

1. Dom Bertheau écrivait vers 1650.

cercle), entre lesquelles, à chacune séparation, s'élève un champ en forme de tierpoinct d'ouvrage de roulement de fil enrichi de plusieurs belles pierres, comme améthistes, jacinthes, cornalines et grosses perles rondes.

« Aux quatre coings de la dicte châsse est une façon de pilastres ronds, esmailléz comme ci devant, et au dessus desdicts pilastres quatre pommes d'or, dont communicque tout autour de la dicte châsse mesme bordement rond que lesdicts pilastres, au dessoubz duquel se forme une riche bordeure en forme de quadre qui ferme les figures de chaque costé, estant icelle bordeure d'ouvrage de fil et garnye de grosses perles rondes, esmeraudes saphirs et rubis.

« Sur la couverture de la mesme châsse sont les trois Marie qui visitent le sépulchre de Nostre Seigneur, l'ange y estant avec les gardes ; de l'aultre costé l'adoration des trois roys, le tout de mesme ouvrage que les aultres figures cy devant. Au meslieu de ladicte adoration se veoit une pièce adjoustée d'or esmaillé de la figure et grandeur d'une grande médaille où sont représentés neuf personnages, entre lesquels paroist Nostre Seigneur tout au beau meslieu, qui estendant ses bras pose ses deux mains sur la teste de deux petits enfans, qui luy sont présentéz par leurs parens, d'un costé et d'aultre, avec ces paroles burinées au dessus : *Sinite parvulos venire ad me*, laissez venir les petits à moy, car à eulx est le royaume de Dieu ; le tout en figure de ronde bosse, ouvrage fort exquis et excellent.

« A l'un des bouts de la dicte couverture, est représenté Nostre Seigneur ressuscité, qui d'un pied marche sur un lion et de l'aultre sur un dragon ; et à l'aultre bout, se veoit sa descente dans les limbes ; l'un et l'aultre de mesme ouvrage que cy-devant, assçavoir à demy ronde bosse. Estant les dictes quatre tables, tant des dicts bouts que du devant et derrière de la dicte couverture, environnées de chacun son quadre de bel ouvrage de fil de rapport, dont le bort d'embas est large d'un poulce (0,027), ou grosse avelaine, celui du derrière de mesme et enrichi de semblables pierres, en pareil nombre et pareille grosseur, comme pareillement ceulx des deux bouts de chacun trois aultres qui sont améthistes et saphirs ; et entre touttes les dictes pierres, sont enchassées pareil nombre de perles rondes de la grosseur d'un gros pois avec quelques baroques et aultres pierreries. Le surplus des dicts quadres plus estroit, mais enrichi de mesme de plusieurs belles perles et pierreries en quantité. Estant d'abondant, au dessoubz du bord d'en haut du quadre de devant et de derrière, une belle lame ou bordement d'or esmaillé à roses d'esmaulx clairs.

« Sur le comble de la dicte châsse est une bordeure de cuivre doré d'ouvrage d'oiseaux et d'animaux de ronde bosse, percée à jour ; aux extrêmitez de laquelle est un roulement qui soustient une couronne d'or de vingt-quatre poulces (0,65 c.) de tour, enrichie de plusieurs rosettes d'or, garnies de rubis, saphirs et grenats, et, entre d'eux, de roses, de perles rondes en mesme quantité.

« Au meslieu de la dicte couronne, s'eslève, du comble de la dicte même châsse, une piramide quarrée haulte d'un pied (0,325 mill.) et large à proportion, assçavoir chacune face du quarré de trois poulces ou environ (0,081 mill.) par le bas et le reste en diminuant à proportion ; laquelle piramide porte une croix large d'un poulce (0,027 mill.) avec un crucifix pour son amortissement ; icelle croix d'image de rapport de fil enrichi de plusieurs perles rondes, esmeraudes et petites cornalines en ovales. Pour champ de la piramide, d'un costé sur le devant sont deux figures esmaillées de taille basse, assçavoir un saint Michel Archange qui combat le dragon et au dessus un roy tenant son sceptre en main, et derrière est représenté un séraphin et au dessus un aultre roy comme au précédent. Les deux costés de la mesme piramide de pièces d'applicques esmaillées d'esmaux clairs, le tout environné, sçavoir chacque tableau ou figure d'un quadre d'ouvrage de fil avec plusieurs perles rondes, esmeraudes, cornalines et améthistes. Plus hault sont deux grosses pommes, sçavoir une quarrée qui en porte une ronde qui soustient la croix, enrichies l'une et l'autre de pierres, d'esmaux et perles et pierreries comme dessus.

« Voilà l'estat où se trouve quant à présent le dict vaisseau, lequel aultrefois estoit encore de beaucoup plus richement orné ; car oultre la grande châsse ou couronne dont nous avons parlé cy-dessus, il en avoit encore deux aultres au-dessus environnant la dicte piramide, de sorte que ces trois couronnes estoient l'une sur l'autre, en montant à distance égale. En la seconde desquelles, il y avoit comme à la première plusieurs boutons de roses jusques au nombre de vingt et deux, et entre deux des fleurs de lys et petits pilliers, le tout de pur or enrichy de grand nombre de pierreries, particulièrement de beaux diamants, entre lesquels s'en voioit un de grand prix donné par un duc de Bourgogne, les aultres ayant esté pareillement donnés par d'aultres princes et princesses qui tenoient à gloire de contribuer à l'enrichissement de ce vaisseau pour marque de leur dévotion envers le saint Suaire de Nostre Seigneur. Cette précieuse couronne fut prise du consentement des religieux par le cardinal de Bourbon, abbé commendataire du monastère de Compiègne (1535-1550), à la charge de faire réédifier l'église. La troisième et dernière de ces couronnes qui estoit au-dessus des deux aultres comme le chapeau de la dicte châsse estoit partiellement d'or en forme de chaisne bien travaillée. Il ne fault pas doubter qu'elle ne fust bien enrichie de pierreries et perles comme les aultres, d'autant que Dom Anthoine de la Haye, abbé de ce lieu, en 1490, en feist faire le grand crucifix d'argent qui est fort riche [1] ».

VII. Le saint Suaire dans l'histoire.

Le saint Suaire n'a pas cessé d'attirer l'attention des chroniqueurs et des hagiographes aussi bien que des pèlerins à travers les siècles.

1. D. Grenier, t. LXVI, p. 47-49.

Les rois eux-mêmes ont tenu à montrer qu'ils n'avaient pas pour lui moins de vénération que leurs sujets.

Dans la charte par laquelle il accorde à Compiègne des libertés, des privilèges et des immunités, Louis le Gros (1108-1128) rappelle que ses prédécesseurs ont toujours eu pour cette ville, leur résidence favorite, une affection toute particulière, à cause de la dignité de son insigne relique le saint Suaire et à raison des nombreuses faveurs qu'il procure, *ob dignitatem singularis Sanctuarii ususque sui multiplicitatem, quodam amoris privilegio caram esse cognovimus*[1].

Au canevas d'un sermon *ad Iherosolimitas* (vers 1146), on a ajouté un catalogue de reliques où nous trouvons : *Apud Compendium, Sudarium Domini,* à Compiègne on vénère le Suaire du Seigneur[2].

Au mois de septembre 1150, les chanoines de Saint-Corneille, dont la conduite avait depuis longtemps cessé d'être édifiante, furent remplacés par des moines bénédictins; mais ils opposèrent une vive résistance à leur expulsion. L'abbé de Saint-Denis, Suger, pour en avoir raison, dut recourir à l'intervention du comte Raoul de Vermandois. Il lui raconta que Philippe de France, frère du roi, précédemment trésorier de Saint-Corneille, avait pénétré de force dans le couvent, s'était emparé d'une châsse contenant une grande quantité de reliques et avait tenté même d'enlever la sainte Couronne d'épines et le saint Suaire. Les bourgeois, ajouta-t-il, se sont émus en apprenant ce forfait, tant à cause des vénérables reliques qui ont rendu ce lieu célèbre par toute la terre, que pour la fidélité qu'ils ont jurée à l'abbé et à ses religieux[3].

Rendant compte, quelques jours après au pape Eugène III, des difficultés qu'il avait rencontrées pour installer les béné-

1. E. Morel. *Cartul. de Saint-Corneille,* n° XLII.

2. Riant, *Alexii I Comneni... epist. spuria,* p. 47-48; U. Chevalier, *Le saint Suaire de Lirey-Chambéry-Turin*, p. 10.

3. E. Morel. *Cartulaire de Saint-Corneille,* n° LXVI.

dictins à Compiègne, il lui retraça les scènes de violence dont il avait été le témoin. Les chanoines, lui écrivit-il, avec une audace sacrilège ont fait irruption dans l'église et se sont précipités sur les très saintes reliques de la Couronne d'épines de Notre Seigneur et du saint Suaire, sur les trésors de la basilique et aussi sur les livres et les ornements sacerdotaux, pour ôter aux moines les moyens de célébrer les offices [1].

Le saint Suaire, on vient de le voir, avait établi la réputation de l'abbaye de Saint-Corneille dans le monde entier. L'acharnement des chanoines, à le disputer aux religieux, et l'ardeur des bourgeois de la ville, à le défendre contre toute attaque, montrent bien l'importance que tous attachaient à la possession de cet inestimable trésor.

Dans la vie de saint Gossuin, abbé d'Anchin, écrite, croit-on, par Alexandre, son successeur immédiat, il est fait mention du saint Suaire à propos de la réforme opérée à Saint-Corneille en 1150. Nous y lisons : « Le pape Eugène III fit appel à l'expérience de saint Gossuin pour rétablir l'ordre, la saine doctrine et les bonnes mœurs dans ce monastère. Dieu s'était plu à le soigner comme une vigne spéciale. Il l'avait entouré d'un mur de pierres vives, je parle de ses puissants patrons, Corneille et Cyprien, et il l'avait comblé d'honneur en le gratifiant de l'Epine dont il avait été couronné et du blanc Suaire dont il fut enveloppé [2] ».

Philippe-Auguste, vers 1185, informe tous les archevêques, évêques, abbés, archidiacres, prieurs, prévôts, doyens et prêtres, ainsi que tous les ducs, comtes et châtelains de son royaume, qu'il a pris sous sa protection les religieux de Saint-Corneille qui portent par toute la France

1. E. Morel. *Op. cit.*, n° LXXI.

2. Plantaverat siquidem eam sibi Dominus in vineam specialem. Circumdederat ei maceriem de vivis lapidibus fortium patronorum, Cornelium loquor et Cyprianum....., insigniens eam Spina qua coronatus et munda Syndone qua fuerat involutus. (*Histor. de la France*, t. XIV, p. 447. — Cf. *Vita sancti Gossuini*, a R. P. Gerard Gibbon, soc. Jesu, edita, 1640).

le *très précieux Suaire* pour recueillir des aumônes. Il prescrit à tous ses sujets de traiter ces religieux avec respect et prie les archevêques et évêques de leur donner au besoin des lettres de recommandation[1].

Par une bulle, donnée à Rome, près saint Pierre, le 16 juin 1194[2], le pape Célestin III accorde vingt jours d'indulgence aux pèlerins qui, à la Mi-Carême, se rendront à l'église de Saint-Corneille pour y vénérer le saint Suaire et les reliques des Saints, et y apporteront leurs offrandes.

Il y a, nous apprend Jacques Langellée, dans un manuscrit du XIIIe siècle, dont l'auteur est R. Trecellus, une description des saints lieux que l'on révère aux environs de Jérusalem. On y remarque un catalogue des reliques qui se trouvaient alors à Constantinople, dans le palais de l'empereur, c'est-à-dire dans le trésor de la chapelle de Bucoléon.

Après avoir mentionné cet article : une partie des linges funéraires de Jésus-Christ, Trecellus explique qu'il n'entend pas parler du saint Suaire, don de Charles-le-Chauve, qu'on vénère à Compiègne. *Item pars linteaminum quibus crucifixum Christi corpus meruit involvere jamdictus Arimathensis Joseph in supradicta imperiali capella continetur. Syndon enim parsque coronæ Christi, ex Karoli Calvi dono habetur Carlopoli Galliæ*[3].

Cet inventaire, dit M. le chanoine Ulysse Chevalier, a probablement été dressé par un pèlerin de la troisième

1. Latores presentium sancte Compendiensis ecclesie cum pretiosissimo Seudario et rebus aliis in conductu et protectione nostra consistunt. (E. MOREL. *Cartulaire de Saint-Corneille*, n° CLXII).

2. Universis Christi fidelibus, qui dicto termino (in media quadragesima), fideliter et devote convenient ad illam ecclesiam, causa Sanctuarium et sanctorum reliquias, que ibidem in pace sepulte sunt, fusis precibus vel allatis oblationibus, honorandi, viginti dies de injuncta sibi penitentia relaxamus. (E. MOREL. *Cartul. de Saint-Corneille*, n° CCVI).

3. *Histoire du saint Suaire*. Manuscrit de D. Langellé. Bibl. de M. Chrétien, doyen de Ressons, p. 23. — RIANT. *Exuviæ sacræ Constantinopolitanæ*, t. II, p. 217.

croisade, vers 1190, et pourrait bien remonter au milieu du XIIe siècle[1].

Au mois de mars 1234, Raoul de Rouvillers, abbé de Saint-Corneille, publia les indulgences que le pape Célestin III avait accordées, le 16 juin 1194, aux fidèles qui viendraient vénérer le saint Suaire à la Mi-Carême et celles que l'abbaye avait obtenues de Grégoire IX, le 20 octobre 1233, en faveur des personnes qui visiteraient l'église du monastère, l'un des jours de l'octave de la dédicace, c'est-à-dire du 5 au 12 mai. L'indulgence de Célestin III était de vingt jours et celle de Grégoire IX de quarante.

Une semblable publication fut faite dans le diocèse de Noyon par l'Official, le 24 avril 1237. Robert de Cressonsacq, évêque de Beauvais, et Adam de Chambly, évêque de Senlis, donnèrent un *Vidimus* des bulles pontificales au mois d'avril 1244. L'existence de ces bulles[2] avait été mise en doute. Leur contenu parvint ainsi à la connaissance de tous.

Saint Élinand, moine de Froidmont, mort en 1237, a ainsi résumé dans sa chronique l'histoire de la translation des reliques d'Aix-la-Chapelle : « Charles-le-Chauve a fondé et installé à Compiègne le monastère de Saint-Corneille. Il avait eu la pensée de faire de cette ville une place forte à l'instar de Constantinople et il l'appela de son nom Carlopole, ville de Charles. Ce prince établit à Saint-Denis une foire de l'Indict ou Lendit, semblable à celle que Charlemagne avait créée à Aix-la-Chapelle, et comme il avait enlevé de l'église de Saint-Denis beaucoup de choses données par les pieux fidèles, il y apporta la Couronne d'épines de Notre Seigneur Jésus-Christ, un des clous de la Passion, du bois de la vraie Croix, et d'autres reliques encore. Quant au Suaire, il le laissa à Compiègne, *Sudarium autem apud Compendium reliquit*[3].

1. U. Chevalier. *Le saint Suaire de Lirey-Chambéry-Turin*, p. 15.

2. Toutes les bulles et chartes relatives à ces indulgences figureront à leurs dates au *Cartulaire de Saint-Corneille*.

3. Appendice n° V.

Dans sa chronique rimée, Philippe Mouskès, vers 1240, nous fait entendre le même langage :

Et pour çou que biens i aviègne
Si dona-il droit à Compiègne
Le Suaire Nostre Signour
A Saint Cornille pour s'ounour.

Traduisons :

Et pour qu'ainsi tout bien lui advienne
Il a donné directement à Compiègne
Le Suaire de Notre-Seigneur
Il l'a donné à Saint-Corneille pour son honneur [1].

Albéric de Trois-Fontaines, mort vers 1241, raconte, dans sa chronique, d'après Raoul de Caen, que des fouilles faites en 1198, dans la basilique de Saint-Pierre d'Antioche, ont amené la découverte de la lance de Longin ou sainte Lance. Il ajoute, mais non plus d'après Raoul de Caen :

« Près de cette insigne relique se trouvait un vase de plomb qu'ouvrit l'évêque du Puy. Ce vase renfermait un Suaire de Notre Seigneur, soigneusement plié, non le Suaire qui est à Compiègne, mais un autre. Ce Suaire était-il le Suaire de la tête ou celui du corps ? Je ne puis me prononcer, car, suivant l'Evangile, il y eut plusieurs linges autour du corps de Notre Seigneur [2] ».

Dans son Miroir historial, Vincent de Beauvais, mort en 1264, reproduit textuellement le récit de saint Élinand que nous avons donné plus haut, sans oublier la remarque concernant le saint Suaire [3].

1. Appendice n° VI.

2. Cum lancea ista quoddam vasculum plumbeum fuit inventum... Et erat in eodem vasculo Sudarium Domini Nostri Jesu Christi diligentissime locatum, non illud Sudarium quod est apud Compendium, sed aliud. (D. Grenier, t. LXVI, p. 75-76 ; D. Bertheau, *Histoire de Compiègne*, ms. lat. 13891, f° 12 v°).

3. *Speculum historiale*. Nuremberg, 1483, lib. XXV, cap 43 ; Bibl. nat., réserve G 538, in-f°. — *Bibliotheca mundi seu speculum majoris*

Au xive siècle, Jean d'Outremeuse, après avoir noté la fondation du monastère de Saint-Corneille, parle des insignes reliques que Charles le Chauve y apporta, « assavoir de la Couronne d'espines Nostre Signour Jhesu Christ, de saint Sydoine, del Sponge, de Sudaire [1] ».

La bibliothèqne du Chapitre de Noyon possédait autrefois une vieille chronique manuscrite remontant à 1384, dans laquelle on lisait semblablement : « L'empereur Charles le Chauve a bâti ou restauré les églises des saints en divers lieux à travers la France. A Compiègne, qu'il appela de son nom Carrolopole ou ville de Charles, ayant rêvé d'y établir une grande cité, il fit construire l'église des saints Corneille et Cyprien et dans son palais même, en ce lieu susdit, fut la basilique de la Sainte-Mère de Dieu qu'il enrichit de précieuses reliques, savoir de la Couronne d'épines du Seigneur, de la Syndon et du Suaire. Il lui fit don aussi des reliques de saint Cyprien et de saint Corneille, pour la réception desquelles il composa le répons que chante l'église *Cives apostolorum et domestici Dei* [2] ».

Un autre vieux manuscrit, autrefois conservé en l'abbaye de Corbie, et datant de l'an 1400, renfermait cette mention : « Louis le Bègue, fils de Charles le Chauve, ce prince qui bâtit à Compiègne le couvent de Saint-Corneille, où il

Vincentii Burdigundi præsulis Bellovacensis ordinis prædicatorum, theologi ac doctoris eximii. Duaci, 1624, in-f°, t. IV. p. 979, col. 1. *Speculum historiale*, lib. XXIV, cap. 43.

1. *Le Myreur des histors.* t. IV, p. 90. — F. de Mély, *Notes et Etudes archéologiques*, La Sainte Couronne, p. 236.

2. Karolus imperator, in diversis locis per Franciam, sanctorum ecclesias aut edificavit aut restauravit. Apud Compendium quam Carrolopolim ex nomine suo appellavit, quia ibi civitatem magnam facere disposuerat, ecclesiam sanctorum Cornelii et Cypriani construxit et in palatio suo sancte Dei Genitricis in eodem loco (fuit ecclesia) quam pretiosissimis adornavit reliquiis, scilicet de Corona spinea Domini, de Syndone et Sudario et Spongia. Reliquias etiam sanctorum Cypriani et Cornelii ibidem posuit in quorum adventu composuit responsorium quod cantat ecclesia : *Cives apostolorum et domestici Dei.* (D. Grenier, t. LXVI, p. 93.)

plaça le Suaire du Christ, qui lui était arrivé de Constantinople [1] ».

Saint Antonin, archevêque de Florence, mort en 1459, reprenant, lui aussi, dans sa *Somme historique,* la narration de saint Elinand, dit que Charles le Chauve laissa à Compiègne le saint Suaire, non pas celui qu'on montre à Rome, mais le Suaire qui resta dans le sépulcre du Christ après sa résurrection [2].

Nicole Gilles, secrétaire de Louis XI, écrit à son tour dans ses *Chroniques et Annales de France :* « Charles le Chauve feit apporter en l'abbaye Sainct-Denis l'un des clous de quoi Nostre Segneur Jésus-Christ fut crucifié, grande partie du fust de la vraye Croix et des espines de la couronne et les autres reliques que Charlemagne, son ayeul, avoit apportées de Constantinople et mises en la chapelle d'Aiz, où il est enterré, réservé le saint Suaire qu'il feit mettre en l'abbaye de Sainct-Corneille de Compiègne qu'il avoit fondée, comme aussi il feit la ville mesme de Compiègne, laquelle il nomma Carnopoli [3].... »

Robert Gaguin, général des Trinitaires, insérait, vers 1494, dans son histoire *de Gestis Francorum* [4], à la date de 878, la mention suivante : « Charles le Chauve bâtit à Compiègne un monastère où il déposa le Suaire du Christ, qu'il avait reçu de Constantinople ».

1. Ludovicus Balbus, filius Caroli Calvi, ejus videlicet qui edificavit cenobium Sancti Cornelii in Compendio, ubi Christi Sudarium quod ex Constantinopoli ad se adventum erat reposuit. (D. Grenier, t. LXVI, p. 93.)

2. Sudarium autem apud Compendium reliquit quod non intelligo de Sudario, quod Rome ostenditur, sed quod remansit in sepulchro Christi, ipso resuscitato. (*Historiarum opus trium partium historialium seu Chronica,* in-f°, Lyon 1517. Pars II^a, tit. 16, c. 2, n° 3).

3. *Les Chroniques et Annales de France dès l'origine des Françoys et leur venue en Gaules, faites jadis briefvement par Nicole Gilles, secrétaire du roy, jusqu'au roy Charles VIII, depuis continuées par Denis Sauvage jusqu'au roy Françoys II, revues par Françoys de Belleforest, Comingeois.* Paris, Buon, 1573, in-f°, p. 83.

4. *De Gestis Francorum lib.* 5.

Nous avons tenu à relever toutes les appréciations, tous les témoignages des historiens sur le saint Suaire de Compiègne, afin de bien montrer qu'il a toujours joui d'une grande célébrité. Antoine Dominicy, consulteur du saint office, dont l'histoire du saint Suaire de Cahors[1] s'imprimait en 1640, ne l'ignorait pas. C'est pourquoi il éprouve quelque embarras à défendre l'authenticité de sa relique. Aussi essaya-t-il d'un moyen ingénieux pour tout concilier. « La ville de Compiègne, dit-il, est honorée du Suaire net qui a servi à envelopper Notre Seigneur au tombeau. On conserve à Turin un linge marqué de son sang et de l'impression de son corps. Besançon révère un autre Suaire, rempli de baume et reproduisant les traits de son visage. Enfin, la ville de Cahors est en possession du Suaire qui couvrit la tête du Christ ».

Avant Dominicy, un médecin, Jean-Jacques Chifflet[2], avait déjà proposé cette explication, pleine d'habilité, dans son traité historique sur les linges funéraires du Christ. Sa valeur reste toujours la même, quelle que soit la finesse d'esprit de ses auteurs.

VIII. Dévotion au saint Suaire. Confrérie, Messe, Processions en son honneur. Reconnaissance de l'insigne Relique. Ouverture de sa châsse.

Antoine de la Haye, dit Passavant, qui fut abbé de Saint-Corneille de 1483 à 1499, a établi dans son monastère une confrérie en l'honneur du saint Suaire et en a dressé les statuts que nous a conservés Dom Bertheau[3]. Sur les registres de cette confrérie, figuraient les noms les plus illustres de France, Catherine de Bourbon, abbesse de Notre-Dame

1. *De Sudario capitis Christi liber singularis*. Cahors, 1640, in-4°.

2. Joh-Jacobi Chiffletii *de Linteis Sepulchralibus Christi servatoris Crisis historica*. Aptverpiæ, Plantin, 1624, in-4° et 2ᵉ *éd.* 1688, in-4°.

3. Appendice n° IX.

de Soissons et fille de Charles, duc de Vendôme, le duc de Longueville et Catherine de Gonzague, sa femme, Jacques Amyot, évêque d'Auxerre et grand aumônier de France, des membres des familles d'Humières, de Broully, de Viole, de Monchy, de Gamaches, d'Ailly, de Goussencourt, de Vieuxpont, de Béthisy, d'Harville, d'Ognies, de Mailly, de la Mothe-Houdancourt, des Ursins, de Thiercelin, etc.[1].

Le 17 février 1536, Louis, cardinal de Bourbon, abbé de Saint-Corneille, accorda 100 jours d'indulgence[2] aux membres de la confrérie du saint Suaire, qui, après s'être confessés et avoir reçu la sainte communion, visiteraient l'église abbatiale, les dimanches de la Mi-Carême et des Rameaux, les jeudi et vendredi saints et le jour de Pâques.

Par bulle donnée à Rome le 8 avril 1628, Urbain VIII enrichit la confrérie de nouvelles indulgences[3].

La reine Marie de Médicis, le roi Louis XIII, Anne d'Autriche et Marie-Thérèse d'Autriche, femme de Louis XIV, vinrent bien des fois se prosterner devant la châsse du saint Suaire.

Au mois d'août 1667, le Dauphin Louis tomba malade à Compiègne. Une neuvaine au saint Suaire fut faite à son intention. Le samedi 20, il put venir lui-même à Saint-Corneille remercier Dieu de sa guérison. De fort beaux lambris sculptés, portant ses armes, furent placés dans la nef de la basilique en témoignage de sa reconnaissance[4].

La description que nous a faite Dom Bertheau de la châsse du saint Suaire, nous a permis d'apprécier la richesse incomparable de ce reliquaire. Les dons ne cessaient d'y affluer. Plusieurs diamants en furent aliénés par Antoine de la Haye, l'abbé qui érigea la confrérie, afin de couvrir les frais d'un crucifix d'argent massif qu'il fit élever sur la porte du chœur. Ce crucifix pesait quarante marcs, environ

1. Dom Langellé. *Hist. du saint Suaire*, ms. p. 65-66.

2. Appendice n° XII.

3. Appendice n° XIV.

4. Dom Langellé. *Histoire du saint Suaire*, ms. p. 38.

dix kilogrammes, qui, en numéraire, formeraient aujourd'hui au moins deux mille francs.

Le reliquaire n'en parut guère appauvri. Un inventaire de 1507, dom Langellé en fait la remarque, porte qu'avec les pierreries dont il était encore chargé on fit une couronne, prisée plus de cent mille écus par les joailliers de l'époque. La plus grande partie de ces pierreries fut vendue pour édifier le portail de Saint-Corneille et commencer une nouvelle église. Le reste fut dépensé pendant la Ligue [1].

Mais, dans l'intervalle de ces aliénations, d'autres dons étaient venus les compenser.

François Ier avait envoyé vingt-deux boutons de roses d'or, enrichis de perles et pierreries et fixés à vingt fleurs de lis d'or. Un gros diamant avait été offert par un duc de Bourgogne. Au mois de décembre 1539, le prince de la Roche-sur-Yon avait orné la châsse d'un signet d'or garni de seize rubis [2].

En cette même année 1539, raconte dom Langellé, le sieur Lescrivain dit Roze, l'un des premiers bourgeois de la ville, fonda une messe du saint Suaire pour tous les vendredis de l'année. Le motif qui le guida fut « sa révérence dou benoist sainct Suaire, auquel nostre créateur Jésus-Christ fut mis et posé au sépulchre au jour de sa benoiste passion. »

Cette messe était annoncée par une sonnerie solennelle. Deux gros cierges y devaient brûler dans la chapelle, indépendamment de ceux de l'autel [3]. De 1570 à 1580, un gros cierge, fourni par la ville, fut constamment allumé devant le saint Suaire. On en faisait les frais au moyen d'une quête à domicile [4].

Nous avons trouvé la messe et la prose du saint Suaire dans un missel de Saint-Corneille, datant du XIIIe siècle [5].

1. D. Langellé. *Hist. du saint Suaire*, ms. p. 40.
2. *Op. cit.* p. 39.
3. D. Langellé. *Hist. du saint Suaire*, ms. p. 41.
4. D. Grenier, t. LXVI, p. 93.
5. Appendice n° XV.

Dom Jacques Langellé nous apprend qu'un ancien rituel de plus de quatre cents ans, par conséquent un rituel du XIIIe siècle encore, règlait toutes les cérémonies à observer pour tirer le saint Suaire du trésor de l'église.

Le prêtre, désigné à cet effet, se revêtait de la chasuble, et des acolythes, portant des flambeaux, l'accompagnaient. « On y voit aussi, nous dit encore D. Langellé [1], l'ordre de la procession si célèbre qui se fait à Compiègne, tous les ans, le quatrième dimanche de Caresme [2], qui est le jour marqué par les prélats de France pour la feste de nostre saint Suaire, qui est porté par toute la ville avec grande cérémonie. Les gouverneurs attournez ou eschevins y assistent avec leurs gardes et portent des flambeaux autour de la châsse. Le concours du monde était si grand qu'on fut obligé d'éclairer toutes les rues pendant la nuit, afin d'éviter le désordre. Nous avons conservé jusqu'à présent la pratique de cette illumination qui s'observe encore pendant les trois jours que la solennité dure. »

Dom Jacques Langellé, qui nous renseigne si bien, était un religieux bénédictin de la Congrégation de Saint-Maur, résidant au monastère de Compiègne. Il a écrit, à la fin du XVIIe siècle, une *Histoire du saint Suaire de Compiègne,* qui se vendait à Paris, chez J.-B. Coignard, imprimeur et libraire ordinaire du roy, rue Saint-Jacques, à la Bible d'or. Nous lui avons fait plusieurs emprunts que nous avons soigneusement indiqués.

En 1761, Louis Bertrand, imprimeur à Compiègne, édita deux cantiques en l'honneur du saint Suaire, que nous donnons à la suite de cette étude [3].

1. *Hist. du saint Suaire,* p. 47.

2. Dominica *Lætare,* omnes sint in albis et fiat processio et deferatur Sanctuarium (S. Sudarium). Post processionem faciat abbas sermonem ad populum vel cui jusserit ipse, et recitetur indulgentia domini pape (Celestini III[i]). Domnus abbas et socii ejus eant in lectorium cum Sanctuario et cereis et thuribulo. (D. Langellé, *Hist. du saint Suaire,* ms. p. 24.)

3. Appendice, nos XVII et XVIII.

En 1770, s'imprimait à Paris une *Description historique des reliques et des monuments remarquables qui sont dans l'église de l'abbaye royale de Saint-Corneille de Compiègne*. Le saint Suaire et son reliquaire d'or y sont longuement décrits. Au n° 41, se trouve ainsi mentionné le premier reliquaire : « Un très ancien reliquaire d'yvoire en forme d'église. C'est dans ce vaisseau que fut apporté le saint Suaire, dans lequel il demeura jusqu'en 1092 ».

Dom Gilleson, dans ses Mémoires relatifs à l'abbaye de Saint-Corneille, nous a conservé divers inventaires des reliques de son monastère, notamment ceux des années 1507, 1552, 1650. Partout figure la châsse du saint Suaire décrite à peu près dans les mêmes termes qu'a employés D. Bertheau.

Il s'est fait plusieurs reconnaissances de cette insigne relique de la Passion. Celle du 21 octobre 1516[1] fut particulièrement solennelle. Elle eut lieu à la demande du roi François Ier. Foucaud de Bonneval, évêque de Soissons, a consigné tout le détail de la cérémonie dans le procès-verbal qu'il fit alors dresser. Chacun s'était préparé à cette solennité par le jeune, les veilles et la prière. On vit arriver, à Compiègne, François d'Halluin, évêque d'Amiens, Jean Olivier, abbé de Saint-Médard de Soissons, Nicolas Parent, abbé d'Ourscamp, Fr. Guillaume Parvi, confesseur du roi. Dom Robert Orget, prieur claustral, D. Pierre de Mara, trésorier, D. Antoine Brion, prieur de Saint-Pierre, D. Jacques Parquier, prévôt, Robert Sénale, pénitencier de Soissons, Laurent le Tondeur, vicaire général, Jean d'Atiches, doyen de Saint-Clément, Laurent le Caron, lieutenant du bailli de Senlis, Pierre Meurien, procureur du roi, et Laurent Thibaut, jurisconsulte, furent également présents à l'ouverture de la châsse.

On eut recours à un orfèvre qui ôta une plaque d'argent à la partie inférieure du reliquaire. On en retira d'abord un

1. Appendice, n° X.

petit linge plié en trois, semblable à un corporal et ensuite un paquet enveloppé dans une étoffe de soie de diverses couleurs et lié avec des rubans de soie. Quand on l'eut déplié, on y trouva un drap de lin aux extrémités duquel figuraient dans la trame trois lignes de couleurs différentes, puis un autre petit drap de soie blanche, et enfin, dans un étui rond long de trois palmes (0.30 cent.) et large de deux, le très auguste, très saint et très vénérable linge, tissu de lin très pur et très fin qu'y avait fait renfermer le très pieux roi Philippe Ier.

L'évêque d'Amiens baisa la sainte relique le premier, puis la porta sur le maître-autel. L'évêque de Soissons célébra la messe, présenta ensuite le saint Suaire à la vénération des fidèles et le replaça dans le reliquaire d'or donné par Mahaut de Flandres.

André du Saussay, dans son *Martyrologe gallican*, publié en 1637, a inséré au 21 octobre, sous forme d'éloge, un résumé du procès-verbal d'ouverture de la châsse du saint Suaire en 1516 [1].

François Ier, par une charte [2] datée de Fontainebleau, août 1519, permit d'exposer le saint Suaire pour satisfaire la dévotion des pèlerins, deux fois l'an, le dimanche de *Lætare*, à la Mi-Carême, et le jour de la dédicace de Saint-Corneille, le 5 mai.

Henri IV renouvela cette autorisation par une charte donnée à Paris, le 23 juillet 1601 [3].

Une nouvelle ouverture de la châsse eut lieu le 15 août 1628, en présence des bénédictins réformés de la Congrégation de Saint-Maur, introduits dans le monastère deux ans auparavant, le 17 octobre 1626. Nous publions plus loin le procès-verbal de cette reconnaissance [4].

1. Appendice, n° XVI.
2. Appendice, n° XI.
3. Appendice, n° XIII.
4. Appendice, n° XIV.

La Révolution s'empara de la châsse du saint Suaire pour la convertir en monnaie. La sainte relique ne fut pas cependant profanée. Jusqu'en 1840, elle reçut les hommages des fidèles en l'église de Saint-Jacques. La maladresse d'une servante qui voulut lui rendre sa première blancheur la fit tomber en bouillie dans une cuve d'eau chaude.

E. Morel.

APPENDICE

I

Venerabilis Bedæ presbyteri epitome trium libellorum, quos Adamannus DE LOCIS SANCTIS *conscripsit*, lib. I, cap. V.

Sudarium capitis Domini, post resurrectionem ejus, mox christianissimus quidam judaeus furatus, usque ad obitum, divitiis affluentibus, habuit, qui moriturus interrogat filios, qui Domini Sudarium, qui ceteras patris velit accipere divitias. Major thesauros rerum, minor elegit Sudarium. Et mox illi decrescunt opes usque ad paupertatem : fratri autem cum fide crescunt et opes, quod usque ad quintam generationem fideles tenuere. Hinc ad impios perveniens, divitias tantum auxit, ut judaeis, et hoc multo tempore, donec post longa litigia, quibus christiani judaei se Christi, infideles vero se patrum suorum affirmabant haeredes.

Majuvius, Saracenorum rex, qui nostra aetate fuit, judex postulatur. Qui accensa grandi pyra, Christum judicem precatur, qui hoc pro suorum salute super caput habere dignatus est. Missum ergo in ignem Sudarium, veloci raptu effugiens, evolat, et in summo aere diutissime, quasi ludendo volucritans [1], ad ultimum, cunctis utrinque intuentibus, sese leviter in cujusdam de christiana plebe sinum deposuit, quod mane mox totus populus summa veneratione salutabat et osculabatur. Habebat autem longitudinis pedes octo.

ADAMANNI scotohiberni abbatis celeberrimi, de SITU TERRÆ SANCTÆ et quorumdum aliorum locorum, ut Alexandriæ et Constantinopolis, libri tres, ante annos nongentos et amplius conscripti et nunc primum in lucem prolati, studio Jacobi Gretseri, societatis Jesu theologi. Accessit eorumdem librorum Breviarium seu Compendium, breviatore venerabili Beda, presbytero, cum prolegomenis et notis. Ingolstadi, apud

1. *Aliter* volitans.

Elisabetham Angermariam, vid., sumptibus Joannis Hertsroy, bibliopolæ monacencis, anno MDCXIX, in-4°. Ven. Bedæ Epitome, p. 24 et 26. — Bedæ, opera, Coloniæ, 1688, t. III, 365.

***

Venerabilis Bedæ, de Locis Sanctis, lib. III.

Versus Bedæ.

Descripsi breviter fines situsque locorum
Pagina sacra magis quæ memoranda refert,
Beda, sequens veterum monimenta simulque novorum,
Charta magistrorum quæ sonet inspiciens.
Da Jesu, patriam semper tendamus ad illam,
Quam beat æternum visio summa tui.

Peroratio.

Haec de locis sanctis, prout potui, fidem historicam secutus posui, et maxime Arculphi dictatus Galliarum episcopi, quos eruditissimus in scripturis presbyter Adamannus, lacinioso sermone describens, tribus libellis comprehendit. Si quidem memoratus antistes, desiderio locorum sanctorum, patriam deserens, terram repromissionis adiit, aliquot mensibus Hierosolymis demoratus, veterano monacho, nomine Petro, duce pariter atque interprete, usus cuncta in circuitu quæ desideraverat vivida intentione lustravit...

Adamanni, *Op. cit.* p. 106 et 108.

II

Ambassade envoyée par Jean, patriarche de Jérusalem, l'empereur Constantin Copronyme et Léon, son fils, à Charlemagne.

Constantinus imperator adversus Bulgaros exercitum movens, victus et fugatus ab eis, multis suorum amissis, Constantinopolim rediit inglorius. Dum hic Constantinus arcem teneret imperii Constantinopolitani, apud Hierusalem inter Sarracenos et Christicolas adeo mota fuerat tam magna discordia, ut patriarcha, vir perfectissime religionis, de civitate expulsus, ad imperatorem Constantinum et Leonem, filium ejus, Constantinopolim fugiendo pervenerit, cum multis aliis Christianis[1].

His lacrymabiliter exponens que et quanta turpia fuerant illata populo christiano, et qualiter pessimi Sarraceni ipsum sanctum sepulchrum (quo secundum carnem triduo, Dominus noster Jesus Christus jacuit, atque inde ipsam eamdem carnem quam de beatissima matre, semper Virgine Maria, assumpsit, in celi arce, ut Deus, nihil corruptionis perpessus, relevans, collocavit) inordinate tractabant, unde debebant dolere omnes Christicole, ingemiscens enarravit[2].

His auditis ad nostratem imperatorem Gallorum, Karolum magnum, cujus fidei ac simplicitatis bonitatisque fama Orientalium aures

1. Li Sarrazin entrèrent en la terre de Surie, la cité de Jérusalem pristrent, le saint Sepulcre et les saints Liex violèrent, le patriarche chacièrent qui estoit homme de grant sainteté et de parfaite religion. Toutevois eschapa-il de leur mainz et autres personnes avec lui, avec l'aide Nostre Seigneur : en Constantinople s'enfui a Constantin l'empereour et à son fils Léon (*Chroniques de Saint-Denis* sur les Gestes de Charlemagne, liv. III, ch. IV, n° IV. Dom Bouquet. *Histor. de France*, t. V, p. 269).

2. A plours et à lermes leur conta la grant doleur et la grant persécution qui en la terre d'outremer estoit avenue, et comment li felon Sarrazin avoient la cité prise, le saint Sepulcre ordoié et violé.... et tant avoient fait de honte à Nostre Signeur et de persécution au pueple que il n'estoit cuer de bon crestien qui n'en deust estre dolens et courrouciez (*Hist. de France*, t. V, *ibid.*).

jamdudum diverberaverat, ut recta serie verborum superius enucleamus[1], legati cum litteris missi sunt. Legationis vero latores duo Judei et duo Christiani extiterunt qui utrique in lingua sua attulerunt litteras ad regem, quarum tenor sequitur in hunc modum[2]. :

Servus, servorum Dei, Johannes[3] urbis Hierusalem divina miseratione episcopus, unaque Orientalium imperator Constantinus et filius ejus Leo Contantinopolis, regi inclito Occidentalium triumphatorique semper augusto, regnum feliciter, in Domino favorabilis. Apostolice doctrine gratia, magno rutilamine pacis splendens ad nos usque pervenit[4] et splendoris et letitie fidelibus tantum infulsit, ut gaudentes Deo uberrimas persolvere gratias deberent, nosque uberiores semper fateremur debere; multo magis vero adeo jocundati sumus, quod perspicue omnibus tue inquisitis fraternitatis actuum lateribus, ita procul dubio factum pietate ac patientia tantum cognovimus ut in omnibus Deum laudemus[5], sed ipsum successum

1. Le récit des hauts faits de Charlemagne se trouvait plus haut dans le manuscrit.

2. A la parfin fu la chose acordée..... que cilz meschiez et ceste douleur seroit mandéz à Challemaine, l'empereour des Roumains; car la haute renoumée de son nom et de ses faiz s'estoit ja espandue par toutes les contrées d'Orient. Quatre messages eslurent pour ceste besoigne fournir, dont li dui furent Crestien et li dui Ebrieu : li dui Crestien furent Jehans, evesques de Naples, et David, archiprestres de l'église de Jérusalem. Si estoit homs loiaux et droituriers, simples comme un coulons (*columba*), et David estoit homs loiaux et droituriers et pleins de la paour Nostre Seignour. Li autres dui messages Ebrieu avoient non Isaac et Samuel. Cilz Isaac estoit de grant simplece et de grand sens selonc sa loy et cilz Samuel estoit evesque de sa loy, et de grant religion en leur manière..... Li dui messagé Crestien Jehan et David aportoient la chartre, où li mandemens estoit escris par la main Jehan le patriarche et seelé par le commandement l'empereour Constantin, et li dui Ebrieu aportoient la chartre l'empereour seelée de son propre seel (*Hist. de France. Ibid.*).

3. Il n'y a pas eu de patriarche de Jérusalem de ce nom pendant tout le temps de Charlemagne (Note de Dom Bouquet).

4. La grace des doctrines des apostres est venue jusques à nous resplendissant de la grant clarté de pais (*Hist. de France. Ibid.*).

5. Moult nous éjoions en Nostre Seignour selonc ce que nous avons enquis de tes mours et de tes fais et de ce qu'il nous convient rendre loenges à Dieu en ta bonté et en ta pascience (*Hist. de France. Ibid.*).

ideo tuis laboribus evenisse prosperum videmus, quod tota animi virtute, pacis amator, Christus eam repetitam invenerit, et repertam summa charitate servaverit.

Multa ergo in Jerosolymitanis partibus sancte ecclesie catholice turpia et nunquam ab aliquo fideli diutius ferenda, et nobis, Clarissime, paganos cognoscas intulisse. Namque egomet de sede, quam prior sanctus Jacobus, jubente Domino, possedit intrepidus[1], ejectus sum et Jerusalem campis urbibusque ac castris quampluribus depopulatis et multis Christi confessoribus interemptis, plerisque christicolis captivatis et multis aliis mulctatis, et, quod majus est, captivato Domini sepulchro nimisque dedecorato, ita his talibus commoti et quampluribus constricti, a te, o Mitissime Karole, Magne, Auguste, suffragium suspirantes, maxime scriptitamus.

Proinde nos, ne quid meritis benevolentie tue videremur derogare, ad te, maxime potentissimum regem, scripta direximus, que in omnium fratrum principum, coepiscoporum nostrorum notitiam ire facias, non solummodo eorum qui in tua sunt potentia, sed etiam qui tue dilectionis vicinis adjunguntur provinciis. Sciat quoque hoc quisquis auxiliari nobis, apostolica doctrina de pace catholice ecclesie postposita, neglexerit, a Deo esse vindicandum districtius, minime vero dubitet sibi ullam silentii rationem constare, si ipsum Domini sepulchrum quo pro nobis humanitus triduo jacuit et resurrexit, a pravis hominibus tractari patiatur, necnon hoc putet, post auxilium prohibitum a Domino, impune non omitti; etenim contumelie superbieque fit studio, si quodcumque ecclesie Dei est contrarium maneat a christianis intactum. Quid plura ? Multa vero hujusmodi et plura potuissemus scribere, sed quia dolore et lachrymis impediti sumus, et silentio fideli satis est dictum, et quod quisquis conquerens sua dicta putat omnibus esse cognita, obmittamus, Pie Karole Magne, sub lachrymis.

Vive capax vite, memorareque dicta benigne.
Aie, cave pestes et corpore corde rebelles[2].
Ut vis et volumus, valeas sine fine beatus.

1. Saches tu donques, très chier sires, que li paien ont fait si très grant honte et si très grant doumages à Nostre Seignour ès parties de Jérusalem que nus bons Crestiens (ne le) devoit soufrir. Je meismes sui getez du (siège) ou mesires saint Jacques fu premièrement par le commandement Nostre Seigneur (*Hist. de France. Ibid.*).

2. Prince éloquent, défiez-vous, comme de la peste, de ceux qui sont rebelles de corps et de cœur.

4

Sed sacre Constantini imperatoris et epistole patriarche una et eadem prope erat summa.

Tenor autem epistole talis erat :

Constantinus, imperator, et Leo, filius ejus eque imperator et rex orientalium, omnium minimus et vix imperator dici dignus, Karolo Magno regi occidentalium famosissimo, fideliter regnum et dominium et coronam utriusque feliciter.

Après lesquelles paroles, dit Jacques Doublet, l'empereur Constantin faict un grand discours de la vision qu'il avoit eue par laquelle il estoit chargé d'envoyer vers iceluy Charlemagne et après est escrit (à l'ancien manuscrit de l'abbaye de Saint-Denis) :

Magna ergo in Jerusalem catholice ecclesie turpia horrenda et a nemine fideli patienda paganos, Karissime, injecisse cognoscas, sed hec quidem, Deo cooperante, possunt a te resecari levissime. Ne quid itaque nos tue charitatis meritis videremur subtrahere, ad te regem a Deo preelectum scripsimus magnopere. Quid plura ? Habeo enim valentes causas quibus debes favere ocyssime. Quis etenim quem Deus hortatur potest dehortari ? Age jam, Rex Auguste, et que a Deo quantocius mandata sunt impleas, ne amplius percunctando gravem culpam incurras. Qui vero jussionibus Dei refugit, inobedientie minime culpam evadere poterit.

Histoire de l'abbaye de Saint-Denis en France, contenant les antiquités, les fondations, prérogatives et privilèges, ensemble les tombeaux et épitaphes des roys, reynes, enfans de France et autres signalés personnages qui s'y treuvent, jusques à présent, le tout recueilli de plusieurs histoires, bulles des papes et chartes des roys, princes, et autres documens authentiques — par F. Jacques Doublet, religieux de la dite abbaye. — Paris, Nicolas Buon, 1625, 2 vol. in-4°. — T. II, l. IV, ch. III. De l'empereur et roy de France saint Charlemagne, p. 1205-1207.

Dom Gilleson. Mémoires. Bibl. nat. ms. franc. 19841, f°s 92 et 98.

De sanctitate meritorum et gloria miraculorum beati Karoli Magni, ad honorem et laudem nominis Dei. *Liber secundus.* De peregrinatione beati Karoli Magni in laudem Dei facta et qualiter a Constantinopoli apud Aquile Capelam clavum et coronam Domini attulerit. — *Cap. II.* De expulsione Iherosolimitani patriarche. — *Cap. III.* De legatione ad imperatorem directa. — *Cap. IV.* Exemplar epistole Johannis patriarche. — *Cap. V.* Exemplar epistole Constantinopolitani imperatoris. — Gerhard Rauschen. Publikation der Gesellschaft für reiniche Geschistskunde, VII, Die Legende Karls des Grossen im 11 und 12. Jahrhundert, Leipzig, 1890, p. 45-49.

III A

Les saintes Reliques de la Passion données par le Patriarche de Jérusalem.

Extrait de la *Chanson du Voyage de Charlemagne.*

E dist li patriarches : « Dunt estes, Sire, néz ?
Unkes mais n'osat hoem en cest mustier entrer,
Si ne li cumandai, u ne li oi ruvet[1] ».
« Sire, je ai nun Charles, si sui de France néz.
Duze reis ai cunquis par force e par barnet[2],
Le trézime vois querre[3] dunt ai oi parler,
Vinc en Jérusalem pur l'amistet de Deu[4],
La Cruiz e le Sepulcre sui venuz aürer[5] ».
E dist li patriarches : « Sire, mult estes ber[6] !
Sis as en la chaere ù fist meismes Deus[7].
Aies nun Charlemaignes sur tuz reis curunez[8] ».
E dist li emperère : « Cinc cenz merciz de Deu[9] !
De vos saintes reliques, si vus plaist, me dunez,
Que porterai en France, qu'en voil enluminer[10] ».
Respont li patriarches : « A plenté[11] en avrez :
Le braz saint Siméon aparmaines[12] avrez
E le chief saint Lazare vus ferai aporter,
E del sanc saint Estefne, ki martir fu pur Deu[13] ».
Charlemaines l'en rent saluz et amistéz.
E dist li patriarches : « Ben avez expleitiet,
Quant Deus venistes querre estre vus en deit mielz[14].
Durrai vus tels reliques, meillurs n'en at suz ciel :
Del sudarie Jesu, que il out en son chief,

1. Où êtes-vous né ? jamais personne n'osa entrer en cette église, si je ne l'y ai autorisé, ou si je ne l'ai oui le demander. — 2. J'ai conquis douze rois par force et par jugement. — 3. Je vais chercher le treizième. — 4. Je suis venu à Jérusalem pour l'amour de Dieu. — 5. Adorer. — 6. Sire, vous êtes un grand homme. — 7. Vous êtes en la chaire où parut Dieu lui-même. — 8. Sur tous rois couronnés. — 9. Cinq cents mercis de Dieu. — 10. Que je veux ennoblir. — 11. *Ad plenitudinem* en quantité. — 12. Tout de suite. — 13. Et du sang de saint Etienne qui fut martyr pour Dieu. — 14. Vous avez bien agi, quand vous êtes venu chercher Dieu où l'on doit mieux le voir.

Cum il fut al sépulcre e poséz e culchiéz.
Quant Judeu le guardèrent as espées d'acier.
(Al tierz jurn relevat, si cum il out préchiet,
E il vint as apostles, pur el esléécier[1]).
Et un des clous avrez, que il out en sun piet,
E la sainte corune, que Deus out en sun chief,
Et avrez le calice que il beneïsquiet[2].
L'escuèle d'argent vus durrai[3] volentiers
A pières préciuses, entailliée à or mier[4]
Et avrez le cultel[5] que Deus tint al mangier,
De la barbe saint Pierre, des chevols[6] de sun chief ».
Charlemaines l'en rent saluz et amistiéz :
Tuz li cors li tressailt de joie e de pitiet[7].

Michelant et Raynaud. Itinéraires à Jérusalem. Société de l'Orient latin, série géographique, t. III. Genève, 1882, p. 4 et 5.

Dans son « Etude sur la date, le caractère et l'origine de la Chanson du Pèlerinage de Charlemagne » (Romania, t. XIII, 1884, p. 232), M. H. Morf fait cette remarque : « Le Pèlerinage de Charlemagne, poème populaire, composé avant 1080, est un remaniement de la chanson dont la *Karla magnus Saga* de Norvège nous a conservé un résumé ».

M. Gaston Paris (*La Chanson du Pèlerinage de Charlemagne*, Romania, t. IX, 1880, p. 33 et 34) cite de cette chanson norvégienne le fragment suivant relatif aux reliques :

« L'empereur des Grecs donna à Charlemagne du *Suaire de Notre Seigneur* et ses chaussettes, du bois de la sainte Croix et la pointe de la lance qui perça son côté et la lance de saint Mercure (martyrisé sous Dèce).... Charles revint en France et arriva à Aix. Il y laissa les chaussettes, *le saint Suaire à Compiègne* Komparins, la sainte Croix à Orléans ; il garda la pointe de la lance et la fit incruster dans la poignée de son épée, à cause de quoi il l'appela Joyeuse, et c'est pour cela que les chevaliers, quand ils veulent s'encourager au combat, crient : Montjoie ».

1. Le troisième jour, il est ressuscité, comme il l'avait annoncé, et il est venu vers ses apôtres pour les réjouir. — 2. Le calice qu'il a béni. — 3. Donnerai. — 4. En or pur, *auro mero*. — 5. Couteau. — 6. Cheveux. — 7. Tout son corps tressaillit de joie et de piété.

Le terme que M. Gaston Paris a rendu par chaussettes est *hosa.* M. H. Morf prétend que ce mot signifie plutôt *perizonium*, dont Philippe de Vigneulles dit en sa *Chronique* : « Apourtairent un petit drapz de linge avec aulcune figure de sanc, lequel drap fut celluy que le doulz Jhésus avoit en l'airbre de la Crois par devant son humanité » (MOLAND, *Orig litt.*, p. 397).

Les chaussettes de saint Joseph, que mentionne également Philippe de Vigneulles, ne sont, toujours suivant M. Morf, que « les deux langes de l'enfant Jésus, *l'un noir et l'autre comme tanné.* La tradition populaire, et non seulement à Aix, ajoute M. Morf, dit que saint Joseph fit de nécessité vertu et coupa sa chemise (ou bien ses chaussettes) pour y emmaillotter l'enfant ». (H. MORF, op. cit. p. 216).

La *Karla magnus Saga* veut que Charlemagne ait laissé lui-même le saint Suaire à Compiègne. Jacques de Guise, abbé de Saint-Vincent de Laon, est du même avis. Dans son *Histoire Universelle*, qui s'étend de l'origine du monde à la fin du XIVe siècle, il raconte qu'Autbert, prévôt ou abbé de Saint-Quentin-en-l'Isle, assista avec un grand nombre de prélats et d'abbés à la réception du saint Suaire à Compiègne en l'an 800. Les auteurs du *Gallia Christiana* font, à deux reprises différentes, justice de cette grave erreur, par laquelle Jacques de Guise confond Charles-le-Chauve avec Charlemagne.

Voici leurs deux réflexions :

Nec vacat, intrusum a Jacobo de Guisia, proferre Autbertum Insulanum abbatem, anno, si superis placet, 800, *Dominicum Sudarium excipientem Compendii* cum aliis ; quippe, nonnisi post annum 875 in conditam ab se S. Cornelii basilicam hæc aliaque cimelia Carolus Calvus rex intulit. Hunc in annum si differretur Autbertus, nil obesset quominus huic celebritati dici posset interfuisse. (GALLIA CHRIST., t. IX, col. 1079).

Autbertum profert (præpositum Quintinianæ Veteris Cellæ) Jacobus de Guisia, Laudunensis ad S. Vincentium abbas, eumque tradit *exceptioni Dominici Sudarii apud Compendium adfuisse*, quum Carolus rex et imperator basilicam sacris reliquiis ditaret. Penes auctorem sit fides. (GALLIA CHRIST., t. IX, col. 1086).

III B

La Translation des saintes Reliques de la Passion dans la basilique de Notre-Dame d'Aix en Allemagne [1].

Récit de Charles du Saussay, dans ses *Annales de l'Église d'Orléans*, au chapitre relatif à l'évêque Guibert.

GUIBERTUS.

XL. Hic, ab omnibus incelebratus hactenus, ex veteribus manuscriptis sancti Dionisii in Francia nobis emicuit, ex quibus haec exscripta sunt :

« Rex Carolus legatos regios per totum pene orbem terrarum destinavit, monens, ut omnes, in idibus mensis Junii, Aquisgrani convenirent, ad adorandas sacrosanctas reliquias, quarum hic est catalogus, videlicet de spinea corona Domini octo spinae, unus de clavis Domini, de cruce unum frustum, *Sudarium Domini*, camisia beatae Mariae virginis matris Christi, fascia qua corpus Domini strinxit et in praesepio ligavit et brachium sancti senis Simeonis.

Sanxit autem summus pontifex Leo ; nec non inclytus rex Carolus Magnus, tum etiam archiepiscopi, episcopi, abbates, aliique ecclesiae dignitatis quamplures sanxerunt et confirmaverunt indictum et indulgentiam indicti, ut omnes, qui ad visitandas ac venerandas istas sacrosanctas reliquias accederent, omnium suorum delictorum veniam acciperent, dummodo primum peccata sua pure confessi fuissent.

Haec sunt nomina praelatorum : Leo papa, Turpinus archiepiscopus Remensis, Justinus Coloniensis archiepiscopus, etc., Humbertus episcopus Xantonensis, Guibertus episcopus Aurelianensis, Joannes Abrincensis, Godofredus Noviomensis, Israel Metensis, Rodolfus Cameracensis, etc. », cum multis aliis, quorum nomina hic inserere videtur supervacaneum.

Hoc manuscriptum existimatur esse Rigordi, cui consentiunt Annales vulgo nuncupati sancti Dionysii, ex quibus intelligitur reliquias illas Carolo donatas a Constantino imperatore, Guibertum vero sedisse sub Leone III pontifice, Carolo Magno rege Francorum. Quod quam certum sit, fides sit penes authores.

Annales Ecclesiae Aurelianensis, auctore Carolo Sausseyo. Paris, Drouart, 1615, in-4°, p. 278-280.

1. M. le baron de Bonnault d'Houët nous a grandement aidé à réunir les documents relatifs à la translation du Saint Suaire. Il nous est bien agréable d'avoir à lui en exprimer toute notre gratitude.

III C

La Translation des saintes Reliques de la Passion dans la basilique de Notre-Dame d'Aix en Allemagne.

Extrait du *Vieux Manuscrit de Saint-Denis*, publié par D. Doublet.

Rex Karolus legatos regios per totum pene orbem terrarum destinavit, ut omnes, in idibus mensis junii, Aquisgrani convenirent, ad adorandum sacrosanctas reliquias, quas de Constantinopoli attulerat. Inter illas habebatur de spinis coronae Domini octo spinae cum roboris parte ubi fuerant infixae, unus de clavis Domini, et de cruce ejus unum frustum, *Sudarium Domini*, camisia beatae virginis Mariae, Matris Christi, fascia etiam quae corpus Domini strinxit et in praesepio ligavit, brachium quoque sancti Simeonis, cum multis aliis sacrosanctis reliquiis.

Sanxit autem summus pontifex Leo, necnon inclytus rex Karolus magnus, tum etiam archiepiscopi, episcopi, abbates, aliique ecclesiasticae dignitatis quamplures sanxerunt et confirmaverunt indictum et indulgentiam indicti, ut omnes, qui ad visitandas ac venerandas istas sacrosanctas reliquias accederent, remedium ac veniam delictorum suorum acciperent, dummodo pure peccata sua confessi fuissent.

Haec sunt vero nomina praelatorum :

Praedictus Leo papa, Turpinus archiepiscopus Rhemensis, Johannes archiepiscopus Lugdunensis, Arnulphus archiepiscopus Turonensis, Haimbertus, archiepiscopus Senonensis, Gosbertus archiepiscopus Bituricensis, Grimoldus archiepiscopus Rothomagensis.

Macharius Belvacensis episcopus, Justinus Laudunensis, Formondus Leodii, Robertus Suessionensis, Guibertus Sainctionensis, Girbertus Aurelianensis, Johannes Abrincensis, Gaufredus Noviomensis, Israel Metensis, Radulfus Cameracensis, Gosbertus Trecarum, Richardus Ambianensis, Tothaedus Flandriae praesul, Gervinus Papiae, Eusebius Babiloniae, Achilles Alexandriae, Theophilus Antiochiae. Stephanus Augustae, Petrus Mediolani, Ursus, Ravennae, Theodorus Pentapolis Lybiae, Antoninus Placentiae, Torpes Pisanae, Desiderius Lingonis, Lichnius Andegavis *qui supra corpus cujusdam mortui Sudarium Domini posuit et revixit*,

Philippus Coloniae, Fortunatus Valentiae archidiaconus, Luppicinus ejusdem civitatis episcopus, Pontianus Arelatensis, Nicolaus Viennae et Suldanus ejus archidiaconus, Natius Tholosanae, Anconius Viridunensis, Macharius Vultrectri et Anconius ejus archidiaconus, Severinus Pictaviae, Sergius Cabiloniae, Raboldus Liquiedonensis, Ranbaldus Marsiliae, Rigomerus Meldis episcopi.

Nec non Fulradus abbas sancti Dionisii in Francia, Florianus abbas Montis Cassini, Suppicinus Ludgunensis territorii, Petrus Laudunensis pagi, Sergius Remensis pagi, Johannes Cabillonensis territorii, Petrus Nivellae, Albertus sancti Quintini de monte, itemque abbas sancti Quintini in Insula, Johannes Carbonellus Liquiedonnensis, omnes abbates. Spectius archidiaconus Liquiedonensis, Felix presbiter Valentiae, Piguienius Luniae archidiaconus, Rabodus sancti Praejecti atque Guido ejusdem sancti Quintini decanus.

Hii omnes subscripserunt indicto et indulgentiae indicti, et per unum mensem ac tres dies ad populi utilitatem sacrosanctas reliquias praescriptas servaverunt extractas. Postea vero abierunt omnes in regiones suas.

Inclitus autem rex Karolus magnus eas in memorata capella decentissime reposuit et quandiu vixit continuavit indictum.

Quod quidem indictum cum magna parte reliquiarum praedictarum Karolus Calvus rex atque imperator (filii sui Ludovici regis ac imperatoris filius) ad ecclesiam sancti Dionisii Franciae peculiaris patroni postmodum transtulit.

D. Doublet. Histoire de l'abbaye de Saint-Denis, t. II, p. 1209. — D. Gilleson. Mémoires. Bibl. nat., ms. franc. 19841, f° 93.

III D

La Translation des Saintes Reliques de la Passion dans la basilique de Notre-Dame d'Aix-en-Allemagne, puis dans l'église abbatiale de Saint-Denis et dans celle de Saint-Corneille de Compiègne.

Extrait du *Vieux Manuscrit de Saint-Germain-des-Prés.*

[F° 1° v°, col. 2.] *Incipit descriptio qualiter Karolus Magnus Clavum et Coronam Domini a Constantinopoli Aquisgrani attulerit, qualiterque Karolus Calvus hec ad sanctum Dyonisium retulerit.*

[KAROLUS MAGNUS]

. . . .

[F° 4, col. 2]. Denique per totum pene orbem terrarum legatos suos misit (Karolus Magnus) nuntiantes quatinus, in idibus junii mensis, omnes homines venirent Aquisgrani videre que de Iherusalem et de Constantinopoli secum detulerat, scilicet de spinea Corona, quam Dominus noster Jhesus Christus sustinuit, octo videlicet spinas cum parte roboris ubi fuerant infixe; et unum de clavis; et de ipsa cruce; et *Sudarium* ejusdem Domini; interulam quoque beatissime Marie, matris ipsius Domini, semper virginis, quem in ipso partu habuit, atque fasciam qua strinxit eum in presepio; et sancti senis Simeonis brachium, alia quoque multa. Itaque turbis undique advolantibus, factus est statim sine numero populus. Ceterum postquam ventum est ad constitutum diem, imperator consilio archiepiscoporum, presulum et abbatum et aliorum sanctorum virorum, doctos pontifices et alios bonos doctores, sermocinando per trigenta loca indicere jussit catervis, quoniam multitudo enormis erat, ut priusquam accederent ad tam sancta videre, confiterentur puro corde peccata sua. Quod factum est.

Postea vero rex, cum clero Dei laudibus vacante, in promunctorium quoddam foris castrum venit, secum sancta deferens; deinde circumstanti populo omnique clero que apportaverat prememorata sancta satagebat denudare. Preterea qui aderant sancti viri fecerunt sermonem ad populum atque quotannis fieri indixerunt indictum spinee corone Domini, clavi et ligni Crucis *Sudariique* ac plurimarum sanctarum reliquiarum, et hoc tempore in junio mense, et in ebdomada secunda, in jejunio scilicet quatuor temporum quarta feria; et bene in jejuniis, quia nemo ad tam sancta nisi sobrius et jejunus purificatusque atque mundus accedere debet. Sic itaque, ut digne signaculum ab eis possit percipere, in remissionem peccatorum, quisque se studiose vera purificet confessione[1]. Vocatur autem indictum ab indicendo.

Sed quoniam ad peccatorum mentionem venimus, opere precium est dicere de peccatorum remissione, que fit in sanctorum visitatione. Huncque archiepiscopi pontifices quoque, ad memoriam nostre redemptionis, fructum penitencie, ad locum et ad terminum prescriptum, multitudini indixerunt si quotannis venire satagant. Si quis vero pure sua confessus est peccata, et, ut dictum est, causa indulgentie ad hoc indictum venerit, vere penitentie faciens fructum, ipsi remedium veniat [f° 4 v°] usque ad terciam partem penitencie, quodcumque sit (peccatum). Et hoc etiam sacerdoti, cui confessus fuerat peccata sua, prius denunciet, et ita sanctarum reliquiarum visitatione et benedictione exhilaratus, cum pace et jocunditate domum suam quisque redeat letificatus. Uxorem tamen suam, si voluerit, et filios suos aut amicos, si meruerint, participes facere

1. Toute cette narration, depuis *Denique per totum pene orbem terrarum*, jusqu'à *se studiose vera purificet confessione*, se trouve reproduite mot pour mot dans la *Vie de Charlemagne*, publiée par Rauschen, sous le titre : *De sanctitate meritorum et gloria miraculorum beati Karoli Magni ad honorem et laudem nominis Dei.* Chapitre XXIV : *De convocatione principum et tocius populi.* Le récit se poursuit de la manière suivante, sur un ton assez ironique à l'endroit de l'assemblée d'Aix-la-Chapelle :

Quapropter ab indicendo indictum vocatur.

Si quis vero scire affectat nomina et numerum archiepiscoporum episcoporum et abbatum ad idem sollempne indictum convocatorum, historiam unde hec excerpta sunt, perlegat. Nusquam tamen perfecte omnium nomina et numerum esse comprehensa certissime confidimus, cum scriptorum incuria vel ignorantia in his et similibus quamplurima diminuta pertranseat. Ignorare autem fidelium Christi nolo diligentiam, quia in eadem curie celebritate, inter cetera Dei magnifica et laudande majestatis opera, cujusdam mortui legitur facta resuscitatio, *super corpus exanime posito Domini Sudario*, omni clero et populo laudes illi decantante, cui honor et imperium in secula seculorum sine fine. Amen.

Explicit liber secundus.

(G. Rauschen. Die Legende Karls des Grossen im 11. und 12. Iahrhundert, p. 65 et 66.)

elemosinarum orationumque, quas in ipsa via vel in stacione fecerit, bene poterit, ita profectus, ut dixi.

Et hoc sanxerunt omnes archiepiscopi atque episcopi, sancti sacerdotes et abbates doctique monachi quibus prerogativa sciencie facundieque erat, quorum nomina hec sunt :

In primis dominus Leo Romane ecclesie papa, Tilpinus Remorum archiepiscopus, Justinus Laudunensis episcopus, Johannes Lugdunensis archiepiscopus,..... Goffredus Noviomensis episcopus,..... Ricardus Ambianensis presul,..... Macharius Belge episcopus, Frotmundus Leodii episcopus, Robertus Suessionensis presul,..... Fortunatus Valentie archidiaconus. Lupicinus quoque episcopus ejusdem, qui supra cadaver cujusdam mortui Sudarium Domini posuerunt, qui statim surrexit illesus. Et hoc miraculum voluit Deus coram populo manifestare, ut credo, quatinus posteris luceret pro lumine et hujus rei probatione.....

Itaque hi omnes atque alii sanctissimi viri sanxerunt hoc indictum ; per unum vero mensem et tres dies servaverunt ibi dulcissime prescriptas Domini nostri Jesu Christi penas, extractas ad utilitatem confluentis populi ; postea quidem reversi sunt jocundati, quisque in regionem suam. Interea imperator basilicam construxit inibi magnifice ; eadem autem intentione et devotione quotannis indictum statutum est fieri et divulgatum per omnes fere regiones mundi, quamdiu Karolus Magnus piissimus rex vixit (f° 4 v° col. 1. finis).

[KAROLUS CALVUS]

[Tribus] itaque illis defunctis, [f° 5] Karolus Calvus quatuor regna solus gubernavit. Qui in regno quiete degens et ceteros fratres suos supervive[ns], omnia regna eorum suo conjunxit imperio. Quique incomparabilis existens bonitate priores et futuros Francorum reges superavit munificientia ecclesiastica. Nam totius regni sui monasteria largitate precipua augendo multiplicavit. Insuper cenobium beati Dionisi Ariopagite, ubi ipse dominus noster corpore quiescit, mirabiliter ornamentis incomparabilibus et terris ditavit monasteriumque Compenii sancti Cornelii funditus instruxit. Preterea post multa annorum curricula, quoniam quidem de auro et de argento, et de illis pluribus, que antea et adhuc usque hodie reges, duces atque consules unaque alii homines in templo Dei et sancti predicti martiris Dionisii pro peccatis suis obtulerant, sed ipse rapuerat, spineam Domini coronam et unum de clavis, qui in carne ejus fuerunt, et de ligno Crucis, et alia quedam ad ecclesiam ter beati Dionisi, martiris devote attulit. Nam *Sudarium Domini Compennii* dimisit, quod castrum ad instar Constantinopolis urbis facere moliebatur, ac ita parato opere, suo nomine titularat, sic appellans Karnopolis, ut Constantinus suo Constantinopolis. Preterea vero ipsum idem indictum per totum prope orbem terrarum eodem modo, quo Karolus Magnus Aquile Capella indixit quotannis fieri, ut superius diximus, apud villam ter beatissimi Dionisii Aripagite stabilivit in Domino; de venia vero penitencie, sicut in priori fuisse sancitum, sic in secundo confirmatum indicto fore perhibemus, quando quidem ab ipso rege stabilitum fuisse cognoscimus.

Biblioth. Nation., ms. latin 12710; Sancti Germani à Pratis, n° 1085, olim 646, f°s 4 et 5. — Gerhard Rauschen. Publikation der Gesellschaft für reinische Geschichtskunde, vii. Die Legende Karls des Grossen, im 11. und 12. Iahrhundert, Leipzig, 1890, p. 120-124.

III E

La Translation des Saintes Reliques de la Passion dans la basilique d'Aix-la-Chapelle.

Extrait des *Grandes Chroniques de Saint-Denis.*

Après envoia ses coursiers aussi comme partout le monde et fist crier que tuit (tous) venissent à Es la Chapèle aux Ides de juing por veoir et por aourer les saintes reliques que il avoit aportées de Jérusalem et de Constantinoble :

C'est à savoir VIII des espines de la sainte couronne de Nostre Seigneur, que il ot (eut) sour son chief le jour de sa Passion, et une partie du fust de la Sainte Crois, le saint Suaire en quoi il fu envelopez ou sépulcre, la chemise Nostre Dame que elle ot vestue en son beneoit enfantement, et le bras destre saint Syméon dont il reçut Nostre Seignour ou temple le jour de la Chandelour et maintes autres précieuses reliques. En poi de tens après ce que il ot einsi fait crier, y assembla tant de pueple que nus ne le pooit esmer (estimer).

Quant ce vint au jour qui i fu mis, c'est à savoir le secont mercredi de juing, li emperes ot conseil aus évesques et aus archevesques, aus abbez et aus autres personnes de dignité, comment il ouveroit (opérerait) et pour ce que la multitude du pueple estoit si grans, que nus ne la pooit ne nombrer ne esmer (estimer), fist il preeschier aus prélats en XXX lieux et amonnester le pueple que il fussent confés et repentant de leur pechiez avant que il aprochassent aus saintes reliques.

Quant ce vint au jour qui i fu mis, et li prelat et li pueples furent asamblé, li empereres descouvri les saintes reliques pour monstrer au pueple : li prelat et li evesque firent sermons en XXX lieux : là establi li empereres le landit par la constitucion des prelaz, qui là furent present, en la quarte fere (férie) de la seconde semaine de juing, aus geunes des IIII tans. Si fu bien avenant chose que il fust establiz au tens des geunes ; car nus ne doit atouchier à tex saintuaires, se il n'est geuns et sobres et saintefiez par confession et par penitance. Mes pour ce que nous avons ici fait mencion de la remission des pechiez, volons ci parler et deviser de la miséricorde et de l'indulgence des pechiez qui là fu establie. Car li prélat qui là furent establirent pardon ; que quiconque vendroit a ce lendit [au temps] que nous avons nonmé, pour aourer (adorer) les saintes reliques, pour quoi il fust confés et repentans de ses pechiez, les dui (deux) parties de la pénitance de ses pechiez li seroient relachies, de quelque péchié que ce fust, et plus encore que il peust faire parçonniers (participants) du fruit de sa voie sa fame et ses enfans et ses amis, pourquoi il fussent en tel point que il le peussent avoir.

A ce s'asentirent et establirent tuit li prélat qui la furent archevesque et evesque et abbé desquiex les nons sont ci mis.

Premierement li apostoles Léon, Turpins archevesques de Rains, Justins archevesques de Lyons, Jehans archevesques de Treves,.... Giefrois evesques de Noion,... . Richard evesque d'Amiens,..... Machaires evesques de Belge, Fromons evesques de Liege, Robers evesque de Soissons,..... Lupicins evesques de Valence et Fortunaz archediacres de ce lieu meisme. I cil dui (ces deux) mistrent le suaire Notre Seignour sour le cors d'un mort qui maintenant fu resuscitez. Ce miracle vout nostre Sires faire devant son pueple, si com je croi, pour ce que il fust lumière de foi et de creance aus presens et à ceulz qui après vendroient.....

Tuit cil prelat, qui ci sont nommé, et maintes autres dignes personnes confermerent par leur seaus ceste constitucion que li empereres establi ; et demourerent là un mois et troiz jours, pour garder les saintes reliques, à l'onnour de Dieu, et au profit du pueple.... Atant s'en departirent et retourna chacuns en sa contrée, en loant et en graciant le Roi qui regne et qui regnera par tous les siecles des siecles. Amen.

Grandes Chroniques de Saint-Denis sur les gestes de Charlemagne, liv. III, chap. XI et XII ; D. Bouquet, *Rec. des Histor. des Gaules et de la France*, t. V, 279-281.

IV

La Translation du Saint Suaire à Compiègne.

Extrait de la *Chronique de saint Elinand.*

Karolus iste Calvus monasterium sancti Cornelii apud Compendium fundavit et perfecit. Hoc castrum cogitaverat facere ad instar Constantinopolis et de nomine suo illud appellavit Karlopolim. Hic indictum diem, quem Carolus magnus apud Aquilam Capellam suam instituerat Aquisgrani, instituit apud villam S. Dionysii ; et cum in ecclesia sancti Dionysii multa rapuerat, quae alii dederant, spineam coronam Domini et unum de clavis et de ligno crucis et alia quaedam ibi attulit. Sudarium autem apud Compendium reliquit.

Chronique d'Elinand, l. 46, 1re page du manuscrit venant de l'abbaye de Froidmont.

V

L'Expédition de Charlemagne en Terre-Sainte. Les Saintes Reliques qu'il en a rapportées.

Extrait du *Miroir historial de Vincent de Beauvais.*

Lib. XXV, IIII. *Qualiter Karolus juxta divinam revelationem liberavit terram sanctam.*

Helinandus. — Legitur quod eo tempore quo Karolo datum est Romanum imperium, patriarcha Hierosolimitanus, de civitate expulsus a paganis, venit Constantinopolim ad imperatorem Constantinum et filium ejus Leonem, et cum eo Johannes Neapolis sacerdos et David Hierosolimitanus archipresbiter, quos ille ad Karolum misit cum epistola Johannis patriarche manu ipsius et Constantini scripta. Et cum duobus prefatis fuerunt alii duo legati hebrei, Ysaac et Samuel. . . . .

Hi legati regem Parisius invenerunt et ei epistolas tradiderunt. Quibus perlectis, rex lacrimari cepit pro sepulcro Domini. Has epistolas jussit rex exponere Turpinum archiepiscopum coram omni populo. Quibus auditis omnes proficisci regem precabantur.

Quo audito, mox rex edictum proposuit ut omnes qui possent arma ferre irent secum contra paganos, et qui non irent ipsi et filii eorum servi quatuor nummorum essent. Itaque majorem exercitum quam unquam ante habuisset congregavit et profecti sunt.....

Fugatis paganis et recuperata terra, petivit rex licentiam repatriandi ab imperatore Constantinopoleos et Hierosolimitano patriarcha. Quem per unum diem retinuit imperator apud Constantinopolim et interim fecit parari ante portam civitatis animalia diversi generis et coloris, et aurum et gemmas. Karolus autem, ne inurbanus videretur, si nihil acciperet, quesivit consilium a proceribus suis quid facere deberet. Qui responderunt a nullo debere eum aliquod munus accipere pro labore quem pro solius Dei amore susceperat, qui, laudans consilium, jussit omnibus suis, ut omnes res appositas nec respicere dignarentur.

V. *De Sacris reliquiis quas inde Aquisgranum detulit.*

Tandem adjuratus et coactus aliquod munus pro amore Dei accipere, petivit de reliquiis Passionis Dominice. Inito autem consilio, indictum est jejunium triduanum omnibus nostris et XII personis grecis que electe sunt ad hoc sanctuarium dividendum. Tercia die Karolus peccata sua confessus est Ebroino archiepiscopo. Deinde utrique cleri psalmos cum letania inchoant.

Cum autem Daniel Neopolitanus antistes aperuisset thecam, in qua erat spinea corona, tantus odor exiit inde, ut omnes putarent se in paradiso esse. Tunc Karolus, prostratus in pavimentum, plenus fide, oravit Dominum, ut propter gloriam nominis sui, miracula sue Passionis et Resurrectionis renovaret. Et cum orasset, statim ros celitus veniens lignum infudit et inebriavit et flores emittere fecit, tantaque lux cum odore affluit ut omnes sua vestimenta celestia esse putarent. Cunque Daniel adunca forcipe robur ipsius ligni secare inciperet, tunc magis ac magis florere cepit. Tunc Karolus in arboreo pallio quod ad hoc preparaverat suscepit de floribus et implevit mantum suum dextrum. Dehinc alium mantum ad suscipiendas spinas preparans, tradidit illum cum floribus Ebroino archiepiscopo. Cunque utriusque oculi pre lacrimis impediti essent, ille putans se accepisse et ille dedisse, uterque mantum dereliquit. Qui fere unius hore spacio pependit in aere. Cunque alterum mantum rex spinis implesset et illud episcopo tradere voluisset, vidit illum primum pendere in aere. Post hoc cum flores de manto ejicere cuperet, conversi sunt in manna; et hoc manna modo est apud sanctum Dyonisium, quod a multis putatur esse de illo et manna antiquo quod pluit Dominus in deserto. Omnes egri qui ibi aderant, ad odorem florum, sani facti sunt.

His ita gestis, ecce turba infinita ecclesiam violenter intrans clamare cepit : Vere hodie est Resurrectionis dies; nam odor de floribus exiens totam civitatem impleverat et CCC et unum egros sanaverat. Quidam eger ibi erat, XXIII annos et tres menses habens, in extractione spinee corone visum recepit, in sectione auditum, in emissione florum loquelam.

Post hoc prefatus Daniel Dominicum Clavum manibus elatis regi tribuit. Qui cum de alabastro in quo absconditus erat extraheretur, sanatus est puer quidam sinistram manum et totum latus sinistrum ab utero matris habens aridum, et cucurrit ad ecclesiam dicens, quod circa horam nonam lecto jacens, quasi in extasi positus, videre sibi visus est quendam canutum fabrum adunca forcipe extrahere ex sinistra manu sua et sinistro pede similiter arido clavum et a latere lanceam. Data sunt preterea regi Karolo frustum Crucis Dominice, et Domini SUDARIUM, et camisia beate Marie, et fascia qua puerum Jesum in cunabulis cinxit, et brachium sancti senis Simeonis que omnia recondidit in sacco de bubalino tergore facto, et ad collum suum suspendit ad instar peregrini. Veniens autem ad castrum nomine Ligmedo, puerum mortuum per tactum Reliquiarum suscitavit et L egri promiscui sexus ibi curati sunt. Ibi sedit Karolus sex mensibus et uno die.

Veniente autem eo Aquisgranum, sanati sunt ceci innumeri, febricitantes innumeri, demoniosi XII, leprosi VIII, paralytici XV, claudi XIV, manci XXX, globosi LII, caduci LXV, gutturnosi plures, et ex vicinis locis quamplures. Denique indixit per totum orbem, ut idibus junii venirent Aquisgranum videre reliquias, quas de Hierusalem et de Constantinopoli advexerat, prius peccata sua confitentes. Et statutum est ibi, ut semper quarta feria jejuniorum quatuor temporum, in mense junio, fieret indictio ista reliquiarum.

In hoc concilio fuit Leo papa et Turpinus archiepiscopus, Achilleus Alexandrinus episcopus, et Theophilus Antiochenus et alii plurimi episcopi et abbates. Ibi etiam suscitatus est mortuus . . . . .

XLIII. *De gestis Karoli Calvi.*

. . . . . . *Helinandus ubi supra.*

Karolus iste Calvus *etc. ut supra* (*Vide num. IV*). Sudarium autem apud Compendium reliquit, et hoc instituit ipso tempore Nicolai pape. Antequam autem reliquie ostenderentur populo, tanta fames solebat esse in Francia, ut asinos et caballos comederent ; que per Domini misericordiam postea cessavit.

Sigibertus dicit hunc Karolum in reditu a Roma mortuum esse Mantue. Alibi legi ego quod, Romam pergens, obiit in itinere et sepultus est apud Lugdunum in monasterio Antonay.

Speculum historiale perlustrati fratris Vincentii, ordinis Predicatorum professoris, per Antonium Koburger Nuremberge incolam impressum, finit feliciter. Consummatum sub nostri Salvatoris anno incarnato MCCCCLXXXIII in vigilia sancti Jacobi, de quo fine laus et gloria Altissimo sit per evum. Amen. (Bibl. Nation. Réserve G. 538, in-f°). — Bibliotheca mundi seu speculum majoris Vincentii Burdigundi, praesulis Bellovacensis, ordinis Praedicatorum theologi ac doctoris eximii, Duaci 1624 (4 t. in-f°). Speculum historiale, lib. XXIV, cap. IV, V et XLIII, in t. IV, p. 964 et 977.

VI

Les Reliques d'Aix-la-Chapelle, de Saint-Denis, et de Compiègne.

Extrait de la *Chronique rimée de Philippe Mouskès.*

A. — Aix-la-Chapelle. — Don de Charlemagne.

Vers 11368 A Ais ne quidiés[1] que je mence[2]
Vint Karle par un diemence,
Et quant les reliques apertes[3]
Furent à la Kapièle offertes
U tous iert assanblés li peules[4]
Si r'enlumina[5] Dieux aveules[6].
. . . .
11388 Dont establirent par teus fais
De buen cuer, à la glise d'Aís,
L'arceves‌qes et l'apostoles
Et li clergiés, od leur estoles,
Le grant pardon as pélerins[7],
Ki la venroient des cemins
Et si metroient leur offrandes,
Fussent u petites u grandes[8].
Pour cel pardon faire et esbatre,
S'ot à cel jour quarante et quatre,
Qu'arceveskes qu'evesques là[9];
Et des abés tant il ala
Et d'autre clergiet par vierté[10],
K'il n'en i ot nombre conté;
Et de gent laie n'i fu contes,
Tant i ot rois et dus et contes;
De l'autre gent conte ne sai,

1. Croyez. — 2. Mente. — 3. Ouvertes. — 4. Ou tout le peuple était assemblé. — 5. Rendit la vue, illumina de nouveau. — 6. Aveugles. — 7. Donc ont établi par tous ces moyens, de bon cœur, en l'église d'Aix, les archevêques, le pape et le clergé, chacun selon son pouvoir *apud suam stolam,* le grand pardon pour les pèlerins. — 8. Fussent-elles, soit petites, soit grandes. — 9. Il s'y trouva en ce jour quarante-quatre, tant archevêques qu'évêques. — 10. Par vérité.

Moult en i vint deviers Ausai
Et d'Engletiere et de Saisogne,
Pour emferté et pour besogne [1].
Les relikes vous nommerai
Si com par l'estore [2] les sai ;
Demie la couronne Deu,
Qu'el cief li misent li Judeu
D'espines aspres et poignans,
Ki li furent al cief joignans [3].
Si aporta des flors avoec,
Ki flories furent illuec [4]
U la couronne fut trencie.
Quant li rois en ot sa partie,
Ces flors en manne se muèrent,
Voiant çaus qui la présent èrent [5].
Encore est-ele à Saint Denise,
Ce nos dist l'estore et devise.
L'un des claus dont Diex fut clofis [6]
Aporta-il, g'en sui tous fis [7],
En I vasciel d'ivore mis
Envolepé d'un vert samis [8].
S'ot [9] une pièce de la Crois,
U pendus fu Jhesus li rois,
Quant des Juis fu cloficiés [10]
Et des III claus bien ataciés ;
Et le suaire Jhésu Christ,
Ki viertus et miracles fist,
Dont il ot [11] la face couvierte,
Aporta-il, c'est cose apierte [12].
S'ot la cemise [13] Nostre Dame,
Ki de toutes autres est gemme [14]
La gloriouse mère de Dieu,

1. Un grand nombre vint d'Auxerre, d'Angleterre, de Saintonge, pour leurs infirmités et leurs besoins. — 2. L'histoire. — 3. Il donna *(dimisit)* la couronne de Dieu que les Juifs lui mirent sur le chef, l'ayant faite d'épines aiguës et piquantes qui pénétrèrent dans la tête. — 4. Illico. — 5. *Erant* étaient. — 6. Dont Dieu fut cloué. — 7. J'en suis bien assuré, *fisus sum*. — 8. Enveloppé dans une étoffe de velours vert. — 9. Il eut. — 10. Fixé avec des clous. — 11. Eut. — 12. Chose évidente. — 13. Il eut la chemise. — 14. Perle.

Ki miracles fist en maint lieu.
Apriès s'aporta la çainture,
Dont li fius Dieu en noreture [1]
Est esté estrains el bercuel [2];
Sel [3] virent moult de gens aluel [4].
Si fu li bras saint Simeon,
Del keute jusqu'as dois en son [5],
Dont il reciut Dieu a offrande
Par quoi il ot esté en grande [6],
Quant sa mère li présenta
Et *Nunc dimittis* commença,
Que on cante encore à Complie
Ensi fu la cose aemplie [7].

Chronique rimée de Philippe Mouskès, publiée par le baron de Reiffenberg, in-4°, Bruxelles, 1866, t. I, p. 438-441. — Biblioth. nation. ms. franc. 4963.

B. — SAINT-DENIS ET COMPIÈGNE. — DONS DE CHARLES-LE-CHAUVE.

Puis s'en ala petit avant
Carles à Ais, à la capièle
Que Carlemainne ot faite biele
Et mainte riçaice i o mise.
S'en aporta à Saint Denise
Des reliques que Carlemainne,
A son travail et à sa painne,
En aporta de Jursalem
De Surie et de Belleem.
En France avoit si grant famine
Et si grant plenté de viermine [8],
Que de viermine, sans reclaim [9],
Moroient les gens et de faim,
Quant Carles, qui on l'enorta [10],
Les saintuaires aporta.

1. Dont le fils de Dieu prenant sa nourriture. — 2. Fut retenu dans le berceau. — 3. Celle-ci. — 4. Là, en cet endroit. — 5. Du coude au bout des doigts *ad digitos summos*. — 6. Honneur. — 7. La chose terminée. — 8. Si grande plénitude, abondance de vermine. — 9. Sans rémission. — 10. Qu'on avait poussé à cela, exhorté en ce sens.

Teus[1] com jou les vous nommerai,
Si com par l'estore le sai :
L'un des claus dont Dieux fu clofis[2]
Aporta-il à Saint Denis;
Et la cemise Nostre Dame
Aporta-il à Cartres pour s'ame[3]
Et, pour çou que biens i aviégne[4],
Si dona-il droit à Compiégne
Le suaire Nostre Signour
A Saint Cornille pour s'ounour[5].
Et tamaintes autres relikes,
Dignes, précieuses et rikes,
Douna Karles par la contrée
Ki de famine iert[6] désiertée.
Et si envoia à Sessons[7],
U on en fait les orisons,
I des sollers, à cele fie[8],
Dont la Mère Dieu fut caucie.
Adont si fist Karles li Caus,
Qui de biens fu engriés et caus[9],
Faire et estorer le pardon
Pour aumosne et pour gueredon[10],
Ki devant ot a Ais esté,
Entre Montmartre et la cité
De Paris tout droit al Lendi[11].
Si fu fait par I venredi.
La dure VIII jors li pardons
Et la digne bénéiçons[12].
Si furent gari et refait
Les gens ausi, com par souhait ;
Et de lor pain tant solement
Se refaisoient si forment,
Com il euissent plusieurs més ;

1. Tels *ou* tous. — 2. Cloué. — 3. A Chartres pour le salut de son âme. — 4. Et pour qu'ainsi biens lui adviennent. — 5. Pour l'honorer. — 6. Etait *erat*. — 7. Soissons. — 8. A cette fin. — 9. Qui fut zélé et chaud *(gravidus et calidus)* pour le bien. — 10. Rétablir le pardon pour aumône et pour guérison. — 11. *Indictum*, la foire du Lendit. — 12. Bénédiction donnée par l'évêque ou le pénitencier.

Ne famine n'i dura més,
Et la mortalités cessa :
Teus miracles i demoustra.
Puis furent li saint mis en seus[1] ;
C'avint al tans Carlou le Caus,
C'on tint à sage et à preudome.
Puis s'en ala Carles à Roume,
A loi de preudome et de sage,
Ausi com en pélerinage ;
Mais il moru en cele voie.

Chronique rimée de Philippe Mouskès. Bruxelles 1838, in-4°, t. II, p. 23.

1. En sûreté.

VII

Comment le saint Suaire a esté apporté de Notre-Dame d'Aix-en-Allemagne en l'église et monastère de Saint-Corneil de Compiègne (vers 876).

Récitent l'historiographe Vincent après Helinandus au IVe volume, liv. 25, ch. 48, et Anthoninus en sa deuxième partye, 6e tiltre et 3me sermon, mesme Guaguin, très élégant chroniqueur de France au commencement de son Ve livre, que l'an de l'Incarnation N. S. 877, Charles dict le Chauve, empereur de Rome, régnant en France, constructeur et fondateur de ce présent monastère et abbaye de Saint-Corneil de Compiègne (qui par privilège papal est puis dicte et appellée la sainte église de Compiègne) prépara et assembla une très grosse et puissante armée contre ses deux frères, c'est assavoir Lothaire et Louys de Bavière, lesquels vaincus, mena ledit Charles son ost et armée jusques à Aix en Allemagne. Et luy estant audit lieu eut récordation de son monastère de Compiègne, lequel avoit faict et construit, ensemble de l'église Saint-Denys en France, pour ce qu'y avoit prins et emprumpté plusieurs dons et biens de prédécesseurs. Désirant icelles églises doter et sur touttes les aultres honorer, translata une partye des reliques dessus dites et apporta dudit Aix en France, dont il mit des dictes espines, un des clouds et de la vraye Croix avec aultres saintuaires audit Saint-Denys ; et le très saint et sacré Suaire, qu'entend le dit Anthonin estre celuy qui y demeura au tombeau, Notre Seigneur ressuscité, comme le plus noble et précieux joyau, le réserva et donna à l'église de céans avec quatre espines de la dicte couronne N. S. J.-C., pourtant qu'il aymoit beaucoup Compiègne et que de son nom la voulut nommer Carlopolis, que l'on souloit dire Carnoble, lequel précieux saint Suaire fut mys en un vaisseau d'yvoire qui est encore en l'église de céans, auquel a esté depuis ledit an huict cent soixante-dix-sept jusques en l'an de l'Incarnation Nostre Seigneur mil quatre-vingt et douze, faisant plusieurs grands miracles et évidens, car avant la venue des dites reliques en France, avoit régné et duré une si grande famine, qu'il estoit nécessaire manger les asnes et chevaulx, laquelle, incontinent les dites reliques venues, cessa et fut totallement appaisée à l'honneur des dites reliques et soulagement du pais.

Ce récit et celui de la translation du saint Suaire en 1092 ont été copiés par dom Bertheau sur l'original, grand rouleau de parchemin conservé autrefois dans les archives de Saint-Corneille.

D. Bertheau. *Histoire de Compiègne*. Biblioth. nation., ms. latin, 13891, f° 64.

VIII

Comment le saint Suaire a esté translaté du vaisseau d'yvoire en celuy d'or par le Roy Philippe, premier de ce nom (1082).

Il y a chartre en l'église de céans, soubz le signe et seau de Philippe, Roy de France, premier de ce nom, comme l'an de l'Incarnation M IIII^{xx} XII, par admonition divine et interpellation des frères de l'église de céans, principallement par la grande efflagitation et supplication de très dévote et très vertueuse princesse Mathilde, reyne d'Angleterre, ledit Philippe a translaté et faict transporter, en présence de luy et de plusieurs évesques et infinie multitude de populaire, les dites reliques, le dimanche de *Lætare*, à la mi-caresme, c'est assavoir ledit saint Suaire, que avoit apporté, comme dit est dessus, Charles le Chauve, monarque et empereur de Rome, dudit vaisseau d'yvoire en cestuy d'or, orné, muny et garny de plusieurs pierres précieuses que avoit par dévotion donné et envoié ladite Mathilde, Reyne, à l'église de céans, après cérémonies de jeusnes, prières et oraisons observées et gardées l'espace de trois jours, tant par le susdit Roy Philippe que ses sujets, rendant cy-après graces à Dieu d'avoir accomply si très grand et excellent mystère. En recognoissance desquelles graces, il a donné et octroyé à l'église de céans les privilèges que ladite église a audit mi-karesme, que on appelle les trois jours du prévost, comme chacun le sait et cognoist. Et a esté audit vaisseau d'or, sans veoir visiter ne ouvrir depuis le dit an M IIII^{xx} XII jusques en l'an de l'Incarnation M V^{c} XVI que par l'ordonnance du roy, nostre sire, François, roy de France, premier de ce nom, à présent régnant, par la bonne et meure délibération de son conseil, comme appert par lettres de luy données, a esté ouvert et visité par Messieurs les Révérends Pères en Dieu, Foulcauld, évesque de Soissons, François de Hallwin, évesque d'Amiens, Jehan Olivier, abbé de Saint-Médard de Soissons, Nicholas Parent, abbé d'Ourscamp, Fr. Guillaume Parvy, confesseur du roy, nostre dit seigneur, et plusieurs qui a ce ont esté présens, affin que ce noble joyau et saint Suaire ne fut absconsé et mis hors de la cognoissance des bons et fidèlles chrestiens, mais que chacun y ait ferme foy et stable croyance et que ledit reliquaire en soit plus révéré et honnoré, desquelles choses nous doive faire et accomplir la grace de Dieu le Père, le Fils et Saint-Esprit. Amen.

D. Bertheau. *Histoire de Compiègne*. Biblioth. nat. ms. lat. 13.891, f° 64.

IX

Institution de la Confrairie du benoist saint Suaire de N. S. J. C. en l'église de Saint-Corneil de Compiègne (vers 1485).

De nouvel a esté instituée la dite Confrairie au royal monastère N. D. Saint-Corneil et Saint-Cyprien de Compiègne, auquel gist et repose icelûy saint Suaire, par R. P. en Dieu dom Anthoine de la Haye, alors abbé dudit lieu[1] et de Fescamp, du conseil et à la requeste, prières et supplications, tant des vénérables religieux dudit lieu, comme de plusieurs notables personnages, gens d'église, notables et nobles, officiers, bourgeois dudit Compiègne.

Premier, que tous ceulx et celles, qui voudront entrer en icelle Confrairie, seront tenus paier pour entrer deux sols parisis, et pour l'entretenement d'icelle seize deniers parisis chacun an, au jour que se fait la solennité et feste de la dite Confrairie qui est le dimanche de la micaresme, que l'on chante à l'Introït *Lætare Jerusalem*, pour ce que en tel jour fut divinement et miraculeusement faicte la translation dudit saint Suaire du vaisseau d'yvoire, auquel il estoit lors, au vaisseau et capse de fin or auquel il est à présent, comme plus amplement est contenu ès chartes de la dite église contenantes l'approbation dudit mystère.

Item, et en premières vespres, qui se diront le samedy précédent, à la procession et messe solemnelle dudit jour, qui sera ditte et célébrée au grand autel d'icelle église, tant et jusques à ce qu'il y ait chapelle fondée ou qu'aultrement en sera ordonné ; et pareillement en grandes vespres, seront tenus de assister tous et chacun des confraires et consœurs ; et mesmement à la ditte procession qui se faict chacun an aval la ville, tenant quelque luminaire de cire ardent, chacun à sa dévotion, pour vénérer et honnorer le dit précieux reliquaire, qui sera porté en icelle.

Item, et pour le salut des âmes des frères et sœurs deffuncts, sera ditte et célébrée le lendemain du dit jour de *Lætare* une messe solennelle de *Requiem* à diacre et soubz-diacre, là ou les dits frères et sœurs et chacun d'eulx, au moins ceux qui sont demeurans en cette ville, seront tenus pareillement de assister.

1. Antoine de la Haye fut abbé de Saint-Corneille de 1483 à 1499.

Item, pour le salut des dits frères et sœurs vivans et trépasséz sera ditte et célébrée chacun vendredy de l'an audit autel, heure de l'appeau de prime, et au son de la grosse cloche de la dite église, qui tintera trois fois et puis sonnera à vollée, compareront ceulx qui auront dévotion d'y assister. Le service se fera des deniers de la dite Confrairie.

Item, que quand il décédera de ce siècle aucun des dits frères et sœurs, se fera aux despens de la dite Confrairie un service solemnel, vigiles et haulte messe de *Requiem* pour l'âme du deffunct, le plus brief après la mort seue, auquel service chacun des dits frères et sœurs seront tenus assister.

Item, tous ceulx et celles qui voudront entrer en icelle Confrairie seront tenus à leur pouvoir, tenir, entretenir, observer et garder les statuts et ordonnances d'icelles, mesme de paier et continuer les dits seize deniers parisis par chacun an ; et pour ce faire, fournir et y estre contraincts se assujectiront à la jurisdiction et correction de quelque estat que ce soit.

Item, quand aucuns se voudront démettre et retirer de la ditte Confrairie et fraternité, faire le pourra en payant deux sols parisis pour issue, avec les arrérages, si aucun en doibt et non aultrement.

Et pour faire entretenir le service divin de la dite Confrairie plus honnorablement, mesmement de célébrer les dites messes et le résidu, en tant qu'en luy pourra, sera commis un chapelain ordinaire de la ditte Confrairie, religieux, tel qu'il plaira audit abbé et couvent qui de présent et pour lors sera.

Item, seront esleus et choisys deux prévosts et gouverneurs d'icelle Confrairie tant par le dit abbé que par les dits confrères les plus apparens, lesquels prévosts et gouverneurs seront tenus de rédiger bien et loyallement par escript tous ceulx et celles qui entreront et en isront, en mettant le jour et l'an, et chacun an renouveler le rolle et sur iceluy mettre les paiemens qu'ils en auront reçeu. Et seront tenus iceulx prévosts faire les paiements des dits deniers tant audit chapelain, comme en cire et ornemens, et tant de la recepte, comme des messes, par eulx faict, chacun an, bon compte, pardevant le dit abbé ou son commis, premier auditeur des dits comptes, avec deux ou trois aultres auditeurs, qui pour lors seront, ou aultres qui seront à ce commis et députéz par la communauté des dits confraires, ainsy que besoing le requerra.

Dom Bertheau. *Histoire de Compiègne*. Preuves. Biblioth. nat., ms. lat. 13891, f° 64 v°.

X

Ouverture de la Châsse du saint Suaire, faite le 21 octobre 1516.

Carta Focaldi de Bonneval, episcopi Suessionensis, qui anno Domini M° D° XVI°, die vero vigesima prima mensis octobris, in ecclesia cenobii B. M. Virginis sanctorumque martyrum Cornelii et Cypriani de Compendio, sacratissimum lintheamen, ab Evangelista sindonem mundam nuncupatum et quo Dominicum corpus biduo in sepulchro involutum est, recognovit.

Universis orthodoxis atque fidei catholice cultoribus, Focaldus de Bonneval, Suessionensis episcopus, salutem in Domino sempiternam. Notum facimus quod hodie, data presentium, ex ordinatione et sedula domini nostri Francisci, Francorum regis piissimi, hujusce nominis primi, efflagitatione, in venerabili ecclesia cenobii beate Marie Virginis et sanctorum martyrum Cornelii et Cypriani de Compendio, ordinis sancti Benedicti, ad Romanam curiam nullo medio pertinentis, in Suessionensi diocesi, nobiscum congregatis reverendis in Christo patribus Francisco, episcopo Ambianensi, Johanne Olivier, abbate monasterii sancti Medardi Suessionensis, ipsius domini nostri regis serenissimi cronographo, Nicholao Parent, abbate monasterii beate Marie de Ursicampo, Noviomensis diocesis, sacre theologie professore, fratre Guillermo Parvi, prefati domini regis confessionum auditore ordinario, et pro rege assistente, necnon venerabilibus et religiosis fratribus Roberto Orget, priore claustrali, Petro de Mara thesaurario, Anthonio Brion, priore prioratus sancti Petri Compendiensis, Johanne Parquier, preposito, et aliis religiosis dicte ecclesie Compendiensis simul assistentibus, una cum circumspectis viris magistro Roberto Senalis, sacre theologie professore, penitentiarioque Suessionensi, magistro Laurentio Letondeur, curie spiritualis Compendiensis communi vicario, Johanne d'Atiches, ecclesie collegiate sancti Clementis Compendiensis decano, honorabilibusque viris magistro Laurentio le Caron, in legibus licentiato ac domini ballivi Silvanectensis locum tenente, magistro Petro Meurien, procuratore regio, et magistris Nicholao de Henault et Laurentio Thibault, jurisperitis, memorati cenobii Compendiensis consiliariis, pluribusque aliis et ecclesiasticis et secularibus viris, ad aperiendam capsam, purissimo auro conflatam, lapillis gemmisque preciosissimis fabricatam, in qua quidem sacrum et venerabile lintheamen ab evangelista Sindonem mundam nuncupatum et quo Dominicum corpus triduo in sepulchro involutum est, ab imperatore siquidem Carolo, viro christianissimo et totius orbis monarcha magnifico, in prefato Compendiensi cenobio repositum et cum cordis eximia devotione in vase eburneo conditum, et postmodum in hujuscemodi capsa a Mathilde, pia Anglorum regina, transmissa ad Philippi Dei providentia Francorum regis serenissimi devotam intentionem, in ejus presentia plurimorum reverendorum presulum, aliarumque dignitatum personarum una cum numerosa plebis multitudine extitit introclusum, prout id nobis, per litteras autenticas ipsius regis Philippi, quarum subscribitur tenor, constanti fide innotuit :

In nomine Patris et Filii et Spiritus sancti. Amen. Philippus Dei providentia Francorum rex piisimus. Ammonitus divina Dei propitiatione . . . .
et reliqua ut in Cartulario sancti Cornelii, n° XXII.

Actum est hoc Compendii, in palatio regio, anno ab Incarnato Verbo Dei M° XC°. II°, indictione quintadecima.

Hubertus cancellarius scripsit et subscripsit.

Signum Philippi gloriosi *(Monogramma)* Francorum regis.

Sane quidem, negotio hujuscemodi assumpto, non ab re visum est eodem contextu illud exequi, prout hac in re vires preberet Dominus. Igitur jejuniis, excubiis peractis et orationibus crebris ad eumdem Dominum effusis, atque capsa hujusmodi super altare revestiarii prefati cenobii pretensa ac exposita et ex ea per aurifabrum ingeniosum diligenti opere lamina argentea inferius exinde acta, quodam ligneo et admodum parvo hostio reserato, in eadem capsa prius se obtulit parvum lintheolum, parvi corporalis instar, plicis tribus complicatum, subsequenter fasciculum panno sericeo diversorum colorum loris sericeis circumligatum infra inventum inde extractum est. Quo siquidem explicato, aliud lineum pannum in cujus extremitatibus tres erant linee diversorum colorum uno artificio contexte, una cum alio parvo panno sericeo albo in quibus, in rotundo globo longitudinis trium palmarum et latitudinis duarum, similibus modis et forma quibus piisimus ille Philippus, Francorum rex prenotatus, introcludi decreverat, illud augustissimum sacratissimumque maxime venerandum lintheamen ex purissimo et tenuissimo lino contextum extitit repertum. Tunc prefatus reverendus pater Ambianensis presul, abbatibus sancti Medardi, Nostre Domine de Ursicampo, confessore regio, priore claustrali, thesaurario ac notariis subrogatis secum assistentibus, eidem oscula figens longiusculam habuit supplicationem genibus flexis, Christum omnium sanctorum regem laudando, venerando, adorando et ipsum in suis exuviis invocando. Nec mora ad nos idem Ambianensis presul illud sacratissimum passionis Domini nostri Jesu Christi pignus ad sacratum et majus altare, majorem in modum, venerandis sanctorum reliquiis, preciosis lapillis, nonnullisque ornamentis adornatum, sacrificium (quod peculiariter missam nuncupamus) celebrantes, pro sua humanitate attulit. Quod itaque ad manus modestissime acceptum officiose, pure, sancte ac devote, non sine lachrimis venerari et adorare censentes, in finem sacrificii super altare (Christum Dominum nostrum representans) cum reverentia collocavimus; proinde sacrificio misse expleto ac cantico leticie et exultationis *Veni Creator Spiritus* (quatenus sue charitatis ignem immitteret roremque celestem infunderet) decantato, libet illud exuviarum Christi pignus assistenti plebi, prone supine et Domino jugiter servienti ac intente, spectandum preferre ad Dei beneficium agnoscendum et venerandum qui sua bonitate cunctis lucet et clarescit. Unde publicus declamator ad hujuscemodi plebem pro manifestanda veritate et eorum mentes a falsitatis errore astus maligni (qui ad decipiendas animas callidissimus est sophistes) avertendo verba fecit. Tandem nostro ex officio, nos una cum presulibus et officiariis regiis prelibatis illud venerandissimum Christi pignus in ejus capsa recondi decernentes, ex fratrum religiosorum prefati cenobii proborumque virorum Compendii sedula ac importuna instantia, sollennem processionem (in qua nobiscum presules, fratres cenobii, predicatores, minores, ecclesiasticique plebs Compendiensis convenientes) instituimus. Nequit enim paternitas nostra silentio preterire quod ille populus Compendiensis, admodum devotus, in contione publica tunc habita in atrio cenobii, ad illa visibilia passionis Domini nostri Jesu Christi monumenta venerandissima, devotione afficiebatur quadringentis vigintique quatuor annis latitata spectanda oculis corporis offerri, non quod fidem in hiisce que offerebantur collocaret, sed quod ab ecclesia recepta ac vere approbata arbitrabatur. Demum circa horam tertiam post meridianam nos suprafatus episcopus Suessionensis, ad instantiam supradicti domini confessoris regii, una nobis astantibus dictis dominis patribus religiosis, priore et thesaurario, officiariis regiis et notariis, sacrum et sanctissimum lintheum prememoratum, successive modo et forma quibus involutum et inventum fuerat, in ejus capsa recondi et recludi fecimus, sigillisque reverendi in Christo Patris predicti domini Ambianensis presulis, conventusque predicti cenobii Compendiensis ac supradicti locum tenentis ballivi Silvanectensis communiri hujusmodi capsam ad laminam argenteam de parte inferiori, eam reponi cum reliquiis (donec ex consilio serenissimi regis Francisci alioqui ordinatum extitisset) jussimus et mandavimus, ad laudem Domini Nostri Jesu Christi qui pro nobis mortuus et sepultus est, vere descendit ad inferos regna tartarea mite subacturus, perfracturus, spoliaturus, qui vere tertia die resurrexit a mortuis, sedet nunc in dextera Patris, cui cum eterno Patre et Spiritu Sancto communis honor, par gloria, equa potestas per infinita seculorum secula. Amen.

De et super quibus omnibus et singulis litteras per notarios subsignatos fieri mandavimus et jussimus una cum appensione sigilli nostri.

Acta fuerunt hec hodie, vicesima prima octobris, anno Domini millesimo quingentesimo decimo sexto.

M. FABRI,
prefati reverendi in Christo patris et domini Ambianensis episcopi secretarius.

C. de BEAUREGARD,
Secretarius prefati reverendi domini Suessionensis episcopi.

Ego Anthonius Raquet, presbyter, artium liberalium magister, Suessionensis diocesis, publicus sacris apostolica et imperiali curieque spiritualis Belvacensis notarius juratus, quia prefatam congregationem, capse apertionem, sacratissimi Sindonis Domini nostri Jesu Christi inventionem [intuitus sum], omnibusque aliis et [per] singulas omnes, [dum], sicut premittitur, per predictum dominum episcopum Suessionensem et coram eo agerentur et fierent, presens fui, eaque sic fieri vidi et audivi ac in notarii sumptibus signoque et nomine, modis solitis et consuetis una cum prefati domini episcopi sigilli appensione presentes litteras signavi, in fidem robur et tutelam premissorum, requisitus et rogatus.

RAQUET.

Le sceau de Foucaud de Bonneval, évêque de Soissons, jadis appendu à la charte a été enlevé.

Original en parchemin aux Archives de l'Oise, H, 2168. — Dom BERTHEAU. *Histoire de Compiègne*, Biblioth. Nation. ms. lat. 13891, f° 93.

XI

Le roi François premier autorise les religieux de Saint-Corneille à exposer le saint Suaire à la vénération des fidèles deux fois l'an, le cinq mai, jour de la dédicace de l'église abbatiale, et le quatrième dimanche de Carême, anniversaire de la translation du saint Suaire

Fontainebleau, août 1519.

François, par la grace de Dieu, Roy de France, sçavoir faisons à tous présens et advenir, comme en l'année mil cinq cens seize, ou mois d'octobre, nous estans en nostre ville de Compiègne, meus de grande et singulière dévotion, que avions au sainct Suaire de Nostre Seigneur Jésus-Christ qui est et repose en l'église et monastère de Sainct-Cornille et Sainct-Cyprian de l'ordre de sainct Benoist ou diocèse de Soissons, nous ayons faict ouvrir la châsse d'or d'iceluy, lequel en toutte humilité et révérence ayons visité et adoré et, en iceluy visitant, trouvé que en icelle châsse d'or le sainct Suaire a esté translaté d'une châsse d'yvoire par le feu roy Philippes nostre prédécesseur, en l'an mil IIII^xx et XII, et de ce nous fut dès lors deuement apparu par lettres de chartre dudit Roy Philippes, données audict Compiègne en icelle année, lesquelles ayons en nostre présence faict lire de mot à mot, depuis lequel temps qui est de IIII^c XXIIII ans, iceluy sainct Suaire n'ait esté veu ne monstré comme nous ont faict entendre les dicts religieux d'icelle abbaye, au moyen de quoy la dévotion du peuple, qui y fut venu en grande révérence, a esté discontinuée et retardée, et ledit lieu demeuré incogneu à iceluy ; pour quoy nous ces choses considérées, désirans faire à nostre Créateur chose qui luy soit agréable, et ledit sainct lieu estre à un chacun cogneu et manifesté, affin de rendre le peuple doresnavant plus enclin à le révérer et honnorer, qui sera par ce moien l'augmentation et décoration d'icelle église et le salut des bons chrestiens, pour ces causes et aultres justes et raisonnables considérations à ce nous mouvans, avons de nostre propre mouvement, certaine science, grace espécial, plaine puissance et auctorité royalle, voulu, permis et accordé, voulons, permettons et accordons par ces présentes que ledict sainct Suaire soit doresnavant monstré à nostre dict peuple publiquement le plus dignement et solemnellement que faire se pourra deux fois l'an, assavoir est le cinquiesme de may qui est jour de la dédicace d'icelle église et le jour de *Dominica Letare* qui est le jour que fut faicte ladicte translation, pour iceluy estre veu et adoré en ferme foy et créance par nostre dict peuple en tout honneur et révérence car tel est nostre plaisir. Et affin que ce soit chose ferme et stable à tousiours, nous avons faict mettre notre seel à ces présentes, sauf en aultre chose nostre droict et l'aultruy en touttes.

Donné à Fontainebleau, ou mois d'aoust, l'an de grâce mil cinq cens dix neuf et de nostre règne le cinquiesme.

Et plus bas est escrit : Par le roy, *signé* De Neufville *avec parafe.*

A l'original, sceau de cire verte sur lacs de soie de diverses couleurs.

D. Bertheau. *Histoire de Compiègne.* Preuves. Biblioth. Nation. ms. lat. 13891 f° 94 v°.

XII

Le Cardinal Louis de Bourbon, abbé de Saint-Corneille, accorde cent jours d'indulgence aux fidèles qui assisteront aux offices en l'église abbatiale le quatrième dimanche de Carême, le dimanche des Rameaux, le Jeudi-Saint, le Vendredi-Saint et le jour de Pâques et feront une aumône à la Confrérie du saint Suaire.

Compiègne, 17 février 1536.

Ludovicus, miseratione divina tituli sancte Sabine sacrosancte Romane ecclesie presbiter cardinalis de Borbonio, archiepiscopus Senonensis, Galliarum et Germanie primas, episcopus dux Laudunensis, par Francie, abbas commendatarius monasterii sanctorum Cornelii et Cypriani de Compendio, diocesis Suessionensis, ordinis sancti Benedicti, ad Romanam ecclesiam nullo medio pertinentis, universis Christi fidelibus presentes litteras inspecturis, salutem in Domino sempiternam. Quanto frequentius[1] Christi fidelium mentes ad spiritualia opera inducimus, tanto salubrius animarum suarum saluti consulimus. Cum itaque, sicut accepimus, laudabilis quedam confratria sancti Sudarii Domini nostri Jesu Christi a pluribus annis instituta ordinata et approbata extiterit et confirmata, divinumque ipsius confratrie servitium, ad laudem et honorem ejusdem Domini nostri Jesu Christi, in ecclesia nostra abbatiali festivitatibus et diebus ad id ordinatis celebrari, consueverit; cupientes igitur ut predicta confratria in suo statu manuteneatur, cultus divinus ferventiori devotionis zelo inibi accrescat, necnon Christi fideles ipsi eo libentius confluant, ut eorum preconiis Salvatorem nostrum eundem Dominum nostrum Jesum Christum, qui, pro peccatorum nostrorum labe abluenda, in ara crucis pendens, salutem nostram in medio mundi operatus est, colere et venerari non desinant, quo ex hoc ibidem dono celestis gratie uberius senserint se refectos; nos igitur, Ludovicus, cardinalis de Borbonio, prefatus, supplicationibus domini Johannis le Mattre, religiosi, dicte confratrie capellani, nobis super hoc humiliter porrectis, inclinati, de omnipotentis Dei misericordia, beatorum Petri et Pauli, apostolorum ejus, auctoritate confisi, omnibus et singulis Christi fidelibus utriusque sexus vere poniten

1. *Var.* ferventius *D. Bertheau.*

tibus et confessis, qui in singulis, videlicet dominicarum *Letare Hierusalem* et in Ramis palmarum, feriarum quinte in cena Domini et sexte in Parasceve seu Veneris Sancte et Resurrectionis ejusdem Domini nostri Jesu Christi festivitatibus et diebus divino servitio, in honorem et laudem memorati sanctissimi Sudarii Domini nostri Jesu Christi, in dicta ecclesia abbatiali celebrari solito, astiterint et de bonis, a Deo sibi collatis, pro dicte confratrie manutentione, quid elargiti fuerint, pro singulis festivitatibus et diebus predictis, quibus id fecerint, centum dies de injunctis sibi penitentiis misericorditer in Domino relaxamus, presentibus perpetuo duraturis. In quorum omnium fidem presentes litteras fieri et per secretarium nostrum signari, sigillique nostri jussimus et fecimus appensione communiri.

Datum Compendii in dicta nostra abbatia, Suessionensis diocesis, die decima septima mensis februarii, anno Domini millesimo quingentesimo tricesimo sexto, pontificatus sanctissimi in Christo patris et domini nostri, domini Pauli, divina Providentia pape III[i], anno tertio.

D. Bertheau. *Histoire de Compiègne*, Biblioth. Nation., ms. lat. 13891, f° 156. — D. Gilleson. *Mémoires*, t. II, f° 587.

XIII

Le roi Henry IV renouvelle l'autorisation d'exposer le saint Suaire à la vénération des fidèles le 5 mai et le quatrième dimanche de Carême.

Paris, 23 juillet 1601.

Henry, par la grace de Dieu Roy de France et de Navarre, à tous presens et advenir.

Comme le feu Roy François Ier, meu de singulière piété et dévotion, eust en l'année mil cinq cens seize faict ouvrir la chasse d'or du saint Suaire de Nostre Seigneur Jésus-Christ, qui repose en l'église et abbaye Saint-Cornille et Saint-Cyprian, et permis et accordé aux abbé et religieux de la dicte abbaye de monstrer le dit saint Suaire au peuple chrestien, qui le voudroit visiter et adorer avec humilité et révérence qu'il convient, et ce deux fois l'an, assavoir le cinq may qui est le jour de la dédicace d'icelle église et le jour de *Dominica Lætare* qui est le jour auquel fut faicte la translation dudit saint Suaire d'une chasse d'yvoire en une d'or, en laquelle il est encor à présent, ainsy qu'il nous est apparu par les lettres patentes en forme de charte du roy François, du privilége desquelles lesdits abbé et religieux..... nous ayans très humblement supplié de leur accorder confirmation, nonobstant la discontinuation qui a esté faicte de monstrer ledit saint Suaire, tant à l'occasion des troubles que aultres empeschemens depuis survenus. Savoir faisons que nous, ne désirans tesmoigner moins de religion et de piété que les roys nos prédécesseurs, à l'endroit d'une relique si précieuse et vénérable que le dit saint Suaire, avons de nostre grace spécialle pleine puissance et auctorité royalle, continué et confirmé, continuons et confirmons par ces présentes auxdits abbé et religieux de Saint-Cornille et Saint-Cyprian, le privilége et permission de monstrer ledit saint Suaire, le plus dignement et solennellement que faire se pourra, es dits jours de la dédicace d'icelle église et *Dominica* LÆTARE, pour iceluy estre doresnavant veu et adoré en ferme foy et créance par nostre dit peuple, en tout honneur et révérence aux jours dessus dits, nonobstant que lesdits abbé et religieux de la dicte abbaye n'ayent obtenu confirmation de la dicte permission de nos prédécesseurs roys, de temps en temps, depuis le décéz dudit feu

Roy François premier, dont nous les avons relevéz et dispenséz, relevons et dispensons par ces dites présentes, car tel est nostre plaisir.

Donné à Paris, le XXIII jour de juillet M VI° et un, de nostre règne le XIIe.

Et plus bas est escript : De par le Roy, *signé :* de Neufville.

D. Bertheau, *Histoire de Compiègne.* Preuves. Biblioth. Nation., ms. lat. 13891, f° 94 v°.

XIV

Procès-verbal de l'ouverture de la châsse d'or du saint Suaire, faite le 14 août 1628. — Extrait fait par Dom Bertheau.

Le lundi quatorze aoust mil six cens vingt huit, six heures du soir, vénérable et discrette personne dom François Couppye, presbtre religieux de l'église et abbaye de Sainct-Cornille et Sainct-Cyprian de Compiègne, ordre de sainct Benoist, diocèse de Soissons, ressortissant en cour de Rome sans moien, grand vicaire de Révérend Père en Dieu, Messire Claude le Gras, aumosnier du roy, abbé commandataire de ladicte église et abbaye, seroit venu vers nous (Tristan Honorat Alart, conseiller et maistre des requestes ordinaires de la reyne, bailly général de ladicte église et abbaye).

Et nous auroit dict que ledict sieur abbé, — considérant l'introduction et admission qu'il auroit faicte le dix sept octobre mil six cens vingt six, des pères religieux bénédictins de la congrégation de sainct Maur en ladite église et abbaye, et délaissement qui leur auroit esté faict par les anciens religieux de la direction du service divin, charge et garde des joyaux, dignitéz et reliques estans en ladite église, les clefs du thrésor desquelles leur auroient esté dès lors mises ès mains avec inventaire, entre lesquelles est le vaisseau d'or, où repose le sainct Suaire de Nostre Seigneur et Sauveur Jésus-Christ, de l'existence duquel on pourroit apporter quelque doubte, pour ne rester vivant aucune personne qui l'aye vue, pour de quoy obvier et rendre lesdicts religieux bénédictins certains de ce qui leur auroit esté déposé et laissé en charge, ... — il auroit prins résolution de faire ouverture dudit vaisseau d'or pour leur faire veoir et recognoistre l'estat dudit sainct Suaire.

Représentant qu'il ne pouvoit faire choix de temps ny jour, où luy et les religieux et habitans de cette ville fussent mieux préparéz que le jour et feste de l'Assomption de la saincte et sacrée Vierge Marie, qui se solemnise le jour de demain, — ayant esgard que lesdits religieux et habitans de cette ville s'estoient grandement préparéz par prières et processions publiques, faictes les jours de jeudy, samedy et dimanche, par jeûnes et visitations des hospitaulx et lieux saincts, les vendredy, samedy et cejourd'huy, distributions de leurs charitéz et aultres œuvres pieuses, mesmes aucuns par fréquentes confessions et communions, qui se devoient repéter le jour de demain, pour obtenir et avoir part aux indulgences décernées par la bulle de N. S. Père le Pape Urbain VIII, donnée à Rome le 8 apvril de l'an présent, à laquelle fin ledict sieur révérend se trouveroit aux matines qui se chantent en ladicte église à deux heures de nuit, pour procéder à l'ouverture dudict vaisseau à la fin et issue d'icelles environ les quatre heures du matin, à ce que nous eussions à nous trouver en ladicte église à ladicte heure.

Pour satisfaire auquel commandement ledit jour feste de l'Assomption.... quatre heures du matin......

Nous estant rendu en ladicte église (où estoit desja assembléz tant ledict abbé que tous les religieux d'icelle tant anciens, que modernes ou réforméz y dénomméz, dont le prieur se nommoit dom Michel Pirou) avec les aultres officiers de justice de ladicte église et abbaye, ensemble tous les officiers de la justice royalle de ladicte ville y pareillement dénomméz, dont estoit le chef noble homme Jacques des Préz, conseiller du roy, lieutenant civil et criminel à Compiègne, item Simon le Caron lieutenant particulier, César le Féron, lieutenant criminel de robe courte, Jérosme le Caron, sieur de Brissancourt, prévost pour le roy ès chastellenies de Compiègne et de Thourotte, et aultres en grand nombre.

En présence de tous lesquels, après les prières requises et accoustumées en semblables cérémonies, auroit esté procédé à l'ouverture dudict vaisseau, qui se feist sur des tables préparées à cet effet, au costé dextre du grand autel de ladicte église; et qu'icelle faicte auroit esté veu ce qui s'ensuit :

Un drap de soye de plusieurs couleurs tant rouges, bleues que jaulnes, qui auroit esté tiré dudit vaisseau, et en après un pacquet de taffetas blanc liez d'un linge blanc, ayant sur les deux bouts plusieurs rayes de soye violette, façon de ceinture tissue à la mosaïque.

Lequel linge estant délié et le taffetas blanc desplié et estendu sur la table pour ce préparée, qu'il auroit entièrement couverte, auroit esté veu un aultre linge fort ancien et si ancien qu'à grand peine pouvoit-on recognoistre et discerner la qualité de l'estoffe, ayant en longueur deux aulnes et plus qu'une aulne de largeur, coffiné et faisant plusieurs replys.

Et au dessoubs d'iceluy, un drap de soye ou coton fort blanc, pouvant avoir demy-aulne en tous sens, sur lequel paroissoit quelques marques ou vestiges de choses rouges.

A la première veue desquels linges, auroit esté chanté l'hymne *Vexilla* avec les oraisons convenables, tous les assistans estans prosternés à genoux, qui auroient reçeu telle esmotion et eslancement de la première veue dudit linge, qu'ils ne pouvoient fixement arrester leur veue sur iceluy, prévenus de crainte et de frémissement qui les forçoient d'eulx divertir sans arrester leurs veues.

Auroit esté encore trouvé en ladite châsse un petit linge en forme de mouchoir ou corporallier qui auroit esté replié avec ledict taffetas, sur lequel estoit estendu et cousu le linge du saint Suaire de Nostre Seigneur, auquel on peut juger des apparences des liqueurs et onguents aromatiques qui le rendent plus espais que les linges communs, et empesche que l'on puisse discerner la couleur, ny l'estoffe estimée par la plupart des assistans estre de coton ou fin lin, tissu façon toille de Damas et recogneu pour estre cet auguste, sainct et sacré linge, de la mesme forme qu'il est rapporté ès chartes des roys Philippe et François premiers des noms.

Et après les humbles prières et vœux des assistans, lesdits linges et taffetas repliés et remis dans le vaisseau d'or, auroit esté chanté le cantique *Te Deum laudamus* avec les oraisons convenables, et pendant lesdictes prières le vaisseau auroit esté décemment reporté et remis dans le thrésor avec les aultres joyaux et reliquaires.....

De quoy nous avons audit révérend abbé deslivré le présent procès-verbal pour lui servir et auxdits religieux ce que de raison.

D. Bertheau. *Histoire de Compiègne.* Preuves. Biblioth. Nat., ms. lat. 13891 f° 61.

XV

Missa de sancto Sudario.

Introitus misse sancti sudarii.

Dominus regnavit, decorem indutus est. Indutus est Dominus fortitudinem et precinxit se. *Versus.* Salvavit sibi dextera ejus. ℟. Et brachium sanctum ejus. Gloria Patri. Sicut erat.

Oratio. Domine, Jesu Christe, qui presentia tui sancti Sudarii ecclesiam tuam mirabiliter decorasti, concede propitius, ut qui illud temporali veneramur officio, etiam tibi dignis conversationibus jugiter serviamus, qui cum Deo Patre et Spiritu.

Lectio Actuum Apostolorum (II, 22-37). In diebus illis, aperiens Petrus os suum dixit : Viri Israelite, audite verba hec : Ihesum Nazarenum virum approbatum a Deo in vobis virtutibus et prodigiis ac signis que fecit per illum Deus in medio vestri, sicut vos scitis, hunc difinito consilio et prescientia Dei traditum per manus iniquorum affigentes interemistis : quem Deus suscitavit, solutis doloribus inferni, juxta quod impossibile erat teneri illum ab eo. David enim dicit in eum : Providebam Dominum in conspectu meo semper : quoniam a dextris est mihi ne commovear : propter hoc letatum est cor meum et exultavit lingua mea, insuper et caro mea requiescet in spe : quoniam non derelinques animam mea in inferno, nec dabis sanctum tuum videre corruptionem. Notas mihi fecisti vias vite et replebis me jocunditate cum facie tua. Viri fratres, liceat audenter dicere ad vos de patriarcha David, quoniam defunctus est et sepultus : et sepulchrum ejus est apud nos usque in hodiernum diem. Propheta igitur cum esset, et sciret quia jurejurando jurasset illi Deus de fructu lumbi ejus sedere super sedem ejus : providens locutus est de resurrectione Christi, quia non derelictus est in inferno neque caro ejus vidit corruptionem. Hunc Ihesum resuscitavit Deus, cujus omnes nos testes sumus. Dextera igitur Dei exaltatus, et promissione Spiritus Sancti accepta a Patre, effudit hunc, quem vos videtis et auditis. Non enim David ascendit in celum : dixit autem ipse : Dixit Dominus Domino meo, sede a dextris meis, donec ponam inimicos tuos scabellum pedum tuorum. Certissime sciat ergo omnis domus Israel, quia et Dominum eum et Christum Deus fecit, hunc Jhesum, quem vos crucifixistis. His auditis compuncti sunt corde.

℟. Quis est iste qui venit de Edom, tinctis vestibus de Bosra ?

℣. Iste formosus in stola sua, gradiens in multutidine virtutis sue.

Alleluia. Te sindonem veneramur,
Qua quievit corpus Christi,
Quo resurgente liberemur
Ab inferni morte tristi.

Prosa. Christe, per tue sindonis
Veneranda solemnia,
Fraudes repelle demonis
Ab hac tua familia.
In tua tecum gloria
Nos satians vite bona. Amen.

Secundum Matheum (XXVII, 57-61). In illo tempore, cum autem sero factum esset, venit quidam homo dives ab Arimathia, nomine Joseph, qui et ipse erat discipulus Ihesu. Hic accessit ad Pilatum et petivit corpus Jhesu. Tunc Pilatus jussit reddi corpus. Et accepto corpore, Joseph involvit illud in Sindone munda. Et posuit illud in monumento suo novo, quod exciderat in petra. Et advolvit saxum magnum ad ostium monumenti, et abiit. Erant [autem] ibi Maria Magdalene, et altera Maria sedentes contra sepulcrum.

Offertorium. Accepto Joseph corpore Ihesu, involvit illud in Sindone munda et posuit illud in monumento suo novo quod exciderat in petra.

Secreta. Suscipe munera, quesumus Domine, exultantis ecclesie tue, et cui causam tanti presidii prestitisti, perpetuum fructum concede letitie, Per.

Prefatio. Te quidem.

Postcommunio. Propter nos es minoratus, Domine, qui semper es in tue carnis pressura, sancta perunctus mixtura cum myrra et aloe.

Oratio. Sacramenta que sumpsimus, quesumus Domine, et spiritualibus nos instruant alimentis, et corporalibus tueantur auxiliis. Per.

Laus Deo Patri et Filio et Spiritui Sancto.

Missale sancti Cornelii. Biblioth. Nation., ms. lat. 17321, f°s 1, 2.

XVI

Elogium sancti Sudarii.

(Extrait du *Martyrologium Gallicanum* d'André du Saussay.)

Duodecimo kalendas novembris (die 21ª octobris). Hodie facta est apud Compendium reseratio et propalatio Dominicae Sindonis, hoc est sacri et venerabilis LINTEAMINIS, quo corpus Christi ipsius, Servatoris, involutum triduo in sepulchro requievit, sacrario basilicae sanctorum martyrum Cornelii et Cypriani Compendiensis pridem a Carolo Calvo, imperatore, illati ac conditi in vase eburneo, e quo, praesente Philippo primo, rege christianissimo, Mathildis, pientissima Anglorum regina, voto obstricta, in capsam auro gemmisque decoratam transponi fecerit anno Christi millesimo nonagesimo secundo, magna cum multitudinis assistentium devotione. A quo tempore pignus ipsum adorandum minime e scrinio depromptum fuerat, donec, anno salutis millesimo quingentesimo decimo sexto, religiosa Francisci primi Francorum regis efflagitatione, ingenti cum apparatus celebritate, elicitum fuit e sanctuario publicaeque venerationi expositum per Focaldum de Bonneval episcopum Suessionensem et Franciscum Ambianensem, assistentibus Joanne sancti Medardi Suessionensis, Nicolao Ursicampi abbatibus et fratre Guillelmo Parvi, regis a sacro confessionale, cum copioso sacerdotio et magistratibus peneque innumera populi multitudine, quae sacratissimae Christi passionis monimento, tanquam in speculo, livores quos pro humana redemptione perpessus est intuita, miris pii horroris concussa stimulis, magno cum religionis sensu ac spiritu profusisque animae gemitibus, stupendum opus divinae misericordiae ac patientiae adoravit.

ANDRÉ DU SAUSSAY, évêque de Toul de 1656 à 1675. *Martyrologium Gallicanum*, in-f°, Paris, 1637, t. II, p. 765 et 766.

XVII

Canticum in honorem sancti Domini nostri Jesu Christi Sudarii.

Salve, decens involucrum,
In quo caput Christi sacrum
Quievit sub tumulo.

Tu texisti Christi vultum
Et mereris esse cultum
A frequente populo.

Venerantur cum tremore,
Et involvunt cum decore
Hoc cœlestes Spiritus.

Haurit inde quoddam decus,
Quod divisim unus locus
Est illi sepositus.

Locum tenet dignum per se,
Cum confusa sint inter se
Sparsa linteamina.

Illis corpus involutum,
Hoc est tecta quæ primatum
Tenet cervix Domina.

Deitatis est beatæ
Caput thronus, incarnatæ
Arx est sapientiæ.

Licet texant illam spinæ,
Caput sedes est coronæ,
Sedes patientiæ.

Cantique en l'honneur du saint Suaire de Notre Seigneur.

Gloire, honneur et respect à l'auguste Suaire,
En qui le sacré chef d'un Dieu dans le tombeau
Dormit, pendant trois jours, un sommeil volontaire,
Pour nous donner un jour nouveau

Ce linge précieux, ce linceul admirable,
Dont la Vierge couvrit la face du Sauveur,
Ne mérite-t-il pas, étant si vénérable,
Qu'on lui rende partout honneur ?

Les célestes Esprits ne le voient qu'avec crainte ;
Sur un si digne objet, frappés d'étonnement,
Ils ne portent la main à cette toile sainte,
Que pour la plier décemment.

C'est pour ce saint Suaire un grand sujet de gloire,
Que le ciel ait voulu, par un très juste égard,
Aux siècles à venir consacrer sa mémoire,
Lui marquant un endroit à part.

En ce rang que lui seul obtient par son mérite,
Lorsque tout est confus en dedans du tombeau,
Il tient si dignement la place favorite
Que l'œil n'y voit rien de plus beau.

Tout est digne d'honneur en cette sépulture,
Mais si de l'Homme-Dieu d'autres couvrent le corps,
Ce linge si sacré, cette toile si pure
Couvre le chef du divin mort.

Ce saint chef est le trône où préside Dieu même :
Il s'y plaît, il y règne, il y fait son séjour :
C'est là que s'incarnant, la Sagesse suprême
Voulut s'enfermer par amour.

On le voit, il est vrai, tout hérissé d'épines :
Mais c'est un Dieu qui souffre, et qui souffre pour tous ;
Telle était la couronne et les palmes divines,
Qu'il fallait remporter pour nous.

Isto fonte profluebant
Verba vitæ, quæ spirabant
Sanctitatis gratiam.

Isto vultu lux prodibat
Quæ in terram non cadebat
Fallens efficaciam.

Huic tortores linteamen
Circumducunt, addunt crimen,
Cum colaphis impetunt.

Sub hoc velo vir dolorum,
Et postremus est virorum,
Cui vires non suppetunt.

At defuncto Mater addit
Velum candens, et abscondit
Faciem Sudario.

Sub hoc velo delitescit
Homo liber et quiescit,
Carens adjutorio.

Novus venas intrans vigor,
Novus frontem clarans fulgor,
Velum procul avocat.

Adest statim turma cœli,
Quæ, curata sorte veli,
Hoc seorsim collocat.

Sol æterne, atras nubes,
Peccatorum nempe labes
Ab animis disjice.

Là, toujours le pécheur, touché de repentance,
Trouvait le vrai remède au mal qui l'accablait ;
Car de ce divin front coulait en abondance
L'eau vive qui le guérissait.

De ce visage saint sortait une lumière,
Dont les cœurs pénétrés brûlaient si vivement,
Qu'entrant de leur plein gré dans la sainte carrière,
Ils y couraient très librement.

D'un infâme drapeau, des soldats pleins de rage
Viennent de ce Sauveur la face envelopper :
Et pour comble d'affront, pour consommer l'outrage,
Ils osent même la frapper.

Jésus dessous ce voile est l'homme du prophète,
Accablé de douleurs, des hommes le rebut,
Sans force, sans secours ; son adorable tête
A tous leurs traits se voit en but.

Mais dès qu'il a rendu son esprit à son Père,
Que tout est consommé, qu'il ne voit plus le jour :
D'un linge précieux, on voit sa sainte Mère
Couvrir l'objet de son amour.

Sous ce voile divin, maître de la nature,
Il est homme, il est Dieu, si libre de son sort,
Qu'il peut, sans le secours d'aucune créature,
Se tirer des mains de la mort.

Il s'en tire en effet, au point que sa belle âme
Rendant à son visage un éclat merveilleux,
Tout son corps animé de cette vive flamme
Paraît sans voile et glorieux.

On admire à l'instant une troupe angélique
Qui de ce sacré linge à l'envi prend le soin,
Et qui non sans sujet, ni sans raison mystique,
Des autres le place assez loin.

O Soleil éternel, ô lumière ineffable,
Nous sommes du péché dans le nuage affreux :
Chassez de nos esprits cette nuit effroyable,
Qui les rendrait tous ténébreux ;

Ut cernamus corde mundi,
Post supremum finem mundi,
Deum sine obice.

Amen.

Afin qu'à la faveur de votre sainte étoile,
Évitant mille écueils, et marchant droit à Dieu,
Nous puissions d'un cœur pur, le contempler sans voile,
Face à face dans son saint lieu.

Ainsi-soit-il.

Cantiques en l'honneur du saint Suaire de ***N. S. Jésus-Christ*** *et du Voile de la Très-Sainte Vierge*, avec quelques prières aux saints, dont il y a des reliques considérables dans l'église de Saint Corneille de Compiègne (A Compiègne, de l'imprimerie de Louis Bertrand, 1761. Et se trouve à la sacristie de l'abbaye de Saint Corneille, 35 pages in-8), p. 6-11.

XVIII

Alterum de sacro Domini nostri Sudario canticum.

Inter probra, Christus audit :
Prophetiza quis te tundit ?
Quis velavit faciem ?

Sed dic, Christe, quis velavit ?
Quis defuncti sacram lavit
A capite saniem ?

Caput mater luctu plena,
Pedes curat Magdalena,
Viri curant cætera.

Tunc amisi meam lucem,
Cum te, inquit, vidi crucem
Pati sponte libera.

O cervicis pulchra moles !
O valete mei soles,
Oculorum lumina !

Tu, facunda lingua, taces,
Quæ fundebas vite voces,
Verbi sacri flumina.

O divini fons amoris,
Nunc turpate decor oris,
Te supremum video.

Intras, Nate, specus cæcum :
Cor assume matris tecum
Quod involvo linteo.

Autre cantique en l'honneur du saint Suaire de Notre Seigneur.

Au milieu des tourmens et de l'ignominie,
Parmi les coups sanglans, sous un voile d'horreur,
Prophétise-nous, Christ, dit la juive manie,
Qui t'a fait sentir sa fureur ?

Mais plutôt dites-nous, ô Sauveur débonnaire,
Quelle dévote main vous essuya le front ?
Qui vous enveloppa la tête d'un suaire,
Avec un respect si profond ?

A votre sacré chef, triste et fondant en larmes,
Votre mère s'attache, et l'aime quoique mort ;
Madeleine à vos pieds trouve de nouveaux charmes ;
Joseph embaume votre corps.

Alors, j'ai tout perdu, j'ai perdu ma lumière
Mes sens et ma raison, la parole et la voix,
Dit la Mère, ô mon Fils, quand ma faible paupière
Vous vit expirer sur la Croix.

O l'aimable fardeau de ce chef adorable !
Vous ne m'éclairez plus chastes et divins yeux :
Adieu mes deux soleils ; puis-je être consolable,
Perdant la lumière des cieux ?

Et vous, ô langue sainte, à quel triste silence
N'êtes-vous point réduite ? Ah, j'en fus aux abois !
Vous qui faisant aux cœurs doucement violence
Les avez changés tant de fois.

O fontaine d'amour, ô céleste visage,
En quel état d'horreur faut-il vous contempler ?
Hélas ! peut-on me voir mettre tout en usage
Pour vous cacher et vous voiler !

Enfin, mon cher Enfant, vous entrez sous la pierre,
Vous vous enveloppez dans l'ombre du cercueil :
Souffrez donc que mon cœur avec vous dans la bière
Se perde et consomme son deuil.

Surge, Mater, surge gaudens,
Sol resurgit, novis splendens
E sepulchro radiis.

Sol umbrari nequit velo,
Qui jam fulget alte cœlo,
Ut te donet gaudiis.

A te Christo coaptatum,
Velum decet sic plicatum.
Manibus angelicis.

Dignitatis est majoris ;
Et sejunctum, docti viris
Scimus apostolicis.

Ede plausus, Urbs beata ;
Habes bina velamenta
Capitum illustrium.

Cœli dona reverere,
Dic jucunda, te tenere
Bonorum compendium.

Mais non, ô Mère Sainte, et plus digne de joie,
Levez, oh ! levez-vous, voyez un jour nouveau :
Votre soleil renaît, son Père vous l'octroie,
Et le rend vainqueur du tombeau.

Avez-vous pu penser qu'un linceul le plus sombre,
Pût jamais éclipser ce bel astre des cieux ?
Voilà que sa splendeur chasse et dissipe l'ombre
Qui le dérobait à vos yeux.

Vous l'aviez ajusté, ce linceul admirable,
Autour du sacré chef du vrai Roi des humains :
Mais pour le replier, comme il est convenable,
Il fallait d'angéliques mains.

Quel honneur n'est-ce point à ce divin ouvrage,
A ce linge sacré d'être mis à l'écart ?
Ce fait est avéré des Saints du premier âge,
Qui l'ont vu des autres à part.

Avec tes plus beaux chants célèbre la mémoire,
Du voile de la Mère, et du vrai Fils de Dieu :
Puisqu'ils sont, Ville heureuse, et l'éclat de ta gloire,
Et te distinguent en tout lieu.

Garde ces dons du Ciel en toute révérence,
Et qu'ils soient à jamais ta force et ton soutien :
Compiègne, l'abrégé des beautés de la France,
En eux tu possèdes tout bien.

Cantiques en l'honneur du saint Suaire de N. S. Jésus-Christ et du Voile de la Très-Sainte Vierge, p. 10-15.

XIX

Commemoratio de sancto Sudario.

Liturgie ancienne.

Ant. Te syndonem veneramur
Qua quievit corpus Christi,
Quo resurgente liberemur
Ab inferni morte tristi, Alleluya.

℣. Dicite in nationibus, Alleluya :
℟. Quia Dominus regnavit à ligno, Alleluya.

OREMUS. Domine Jesu Christe... *ut in missa de sancto Sudario, supra n° XV.*

D. Bertheau. Histoire de Compiègne, Bibl. nat. ms lat. 13891, f° 65.

Liturgie du XVIIIe siècle.

Ant. Venit ergo Simon Petrus, et introivit in monumentum, et vidit linteamina posita, et Sudarium quod fuerat super caput ejus, non cum linteaminibus positum, sed separatim involutum in unum locum.

℣. Protector noster, aspice, Deus :
℟. Et respice in faciem Christi tui.

OREMUS

Omnipotens sempiterne Deus, da nobis ita Dominicæ Passionis instrumenta colere, testimoniumque resurrectionis Domini nostri Jesu Christi sacrosanctum ejus *Sudarium* venerari, ut quod fideliter petimus, efficaciter consequamur. Per eumdem Dominum nostrum Jesum Christum.... Amen.

Cantiques en l'honneur du saint Suaire de N. S. Jésus-Christ et du Voile de la Très-Sainte Vierge, p. 22.

E. Morel.

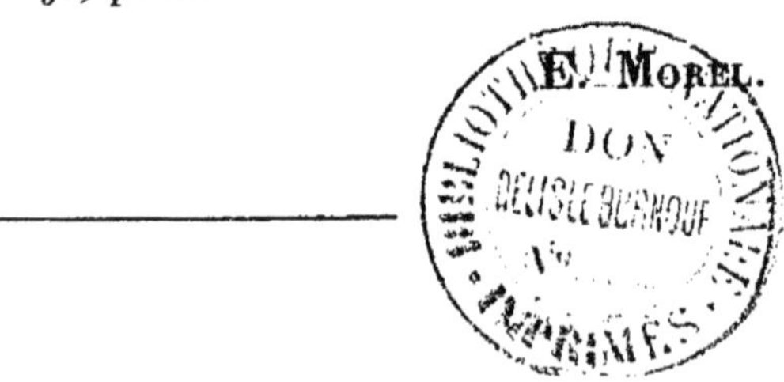

TABLE DES MATIÈRES

CORRECTIONS

Page 5, note 2, *lisez :* reliquias.
Page 15, ligne 10, *lisez :* le mythique évêque.

Compiègne. — Imp. du PROGRÈS DE L'OISE, rue Pierre-Sauvage, 17 (Téléphone 0-56)

www.ingramcontent.com/pod-product-compliance
Ingram Content Group UK Ltd.
Pitfield, Milton Keynes, MK11 3LW, UK
UKHW021109200726
13857UKWH00003B/1147

9 782012 831711